云南大学自贸区研究院高端成果丛书

丛书主编：黄　宁　梁双陆

经管文渊

中国自由贸易试验区大数据手册

（2023）

崔庆波　姚　凯◎著

经济管理出版社

ECONOMY & MANAGEMENT PUBLISHING HOUSE

图书在版编目（CIP）数据

中国自由贸易试验区大数据手册 . 2023/崔庆波，姚凯著 . —北京：经济管理出版社，2024. 3
ISBN 978-7-5096-9411-4

Ⅰ . ①中…　Ⅱ . ①崔…　②姚…　Ⅲ . ①自由贸易区—中国—2023—手册　Ⅳ . ①F752-62

中国国家版本馆 CIP 数据核字（2023）第 215341 号

组稿编辑：申桂萍
责任编辑：申桂萍
助理编辑：张　艺
责任印制：黄章平
责任校对：张晓燕

出版发行：经济管理出版社
　　　　　（北京市海淀区北蜂窝 8 号中雅大厦 A 座 11 层　100038）
网　　址：www. E-mp. com. cn
电　　话：（010）51915602
印　　刷：北京晨旭印刷厂
经　　销：新华书店
开　　本：720mm×1000mm/16
印　　张：13. 5
字　　数：258 千字
版　　次：2024 年 3 月第 1 版　　2024 年 3 月第 1 次印刷
书　　号：ISBN 978-7-5096-9411-4
定　　价：88. 00 元

丛书编委会

主　编：黄　宁　梁双陆
编　委：杨先明　罗　春　曹　阳　张国胜
　　　　马子红　陈　瑛　李　娅　何树红
　　　　赵鑫铖　李　贤　崔庆波　杨　洋
　　　　牛文斌　姚　凯

序　言

　　自由贸易试验区是新时代我国推动高质量发展、高水平开放的最前沿。2021年3月10日，中国（云南）自由贸易试验区（以下简称"云南自贸试验区"）昆明片区（昆明经开区）管理委员会与云南大学签订共建协议，依托经济学院合作共建云南大学自贸区研究院。2021年6月3日，云南大学自贸区研究院在云南大学经济学院揭牌，揭开了云南大学自贸区研究院的发展序幕。

　　共建伊始，云南大学自贸区研究院的主要定位是以云南自贸试验区昆明片区创新发展和昆明、德宏、红河三片区联动发展为基础，聚焦我国内陆型自由贸易试验区发展建设面临的特殊环境、特殊问题和特殊任务，着力开展制度创新模式、路径及策略研究，为中国自由贸易试验区的可持续高质量发展提供有力支撑。

　　经过一年多的探索，云南大学自贸区研究院通过一流产学研平台和高端智库机构，形成了国内一流的高质量专家库，首批特聘研究员包括来自北京大学、中山大学、对外经济贸易大学、上海财经大学、西南财经大学、昆明理工大学、云南师范大学等高校的31名专家。

　　目前，云南大学自贸区研究院已经初步形成了具有核心竞争力的自由贸易试验区研究团队，主持或参与完成了RCEP、中老铁路、复制推广成效评估、建设现代物流产业链行动方案、《"十四五"中国（云南）自由贸易试验区建设规划》、《中国（云南）自由贸易试验区昆明片区管理办法（草案）》等重要工作，突破内陆地区自由贸易试验区发展"瓶颈"和制度禁锢的原创性、关键性制度创新成果已初具雏形，多份决策咨询报告受到省部级领导批示，为发挥内陆型自由贸易试验区依托沿边地区经济社会区位优势，创新对外开放模式、提升高质量发展能力提供了坚实基础。

　　国内关于自由贸易试验区的跟踪分析已经不少，但通过多维大数据的研究还明显不足，对理论研究和实践探索的指导作用发挥仍不充分。《中国自由贸易试验区大数据手册（2023）》凝聚了笔者的心血，是云南大学自贸区研究院建设的最新成果，相信这些数据资料的发布能够为理论和实务工作者提供有益的数据参考，为推动我国自由贸易试验区高质量创新发展提供新的推动力量。

在今后的发展中，云南大学自贸区研究院将进一步打造专兼结合、内外联合的工作队伍，聚焦特色增长点和领域，培育强化研究院的核心竞争力和品牌影响力，努力在理论研究、实践运用、决策咨询服务等方面取得一批创新性强、支撑度高的成果，形成一批代表云南水平，面向全国推广复制的模式和经验，力争将云南大学自贸区研究院建设成为云南顶尖、全国知名的自贸区研究院，在推动全国和全省高质量发展、高水平开放方面发挥理论创新高地和经验创新基地作用。

崔庆波

2023 年 12 月

目　录

第一章　自由贸易试验区发展概况

　　自由贸易试验区（以下简称"自贸试验区"）是我国推进国际贸易和国际投资的自由化便利化平台。自贸试验区建设主要是通过在特定区域实行监管政策豁免，实施特殊经济发展政策和出入境管理措施，鼓励制度创新，开展压力测试，探索新时代符合我国国情和世界市场变化需求与趋势的开放模式及开放路径。从2013年设立中国（上海）自贸试验区以来，截至2022年12月，我国开展了6个批次的自贸试验区建设①，最近一次是2020年，累计建设了21个自贸区。促进自贸试验区创新发展已经成为新时代我国扩大对外开放水平、构建高质量开放网络和打造高水平对外开放平台的重要战略抓手。

一、我国已建成自由贸易试验区分布格局

　　我国自贸试验区建设已形成"沿海成片、内陆连线"的分布格局。2013年8月，国务院批复同意设立上海自贸试验区；2014年12月，国务院决定推广上海自贸试验区经验，设立广东、天津、福建3个自贸试验区，并将部分开放措施辐射到浦东新区；2016年8月，辽宁、浙江、河南、湖北、重庆、四川、陕西7省增设自贸试验区，标志着自贸试验区建设进入了试点探索的新航道；2018年10月，国务院批复同意设立中国（海南）自贸试验区，实施范围为海南岛全岛；2019年7月，国务院批复同意在山东、江苏、广西、河北、云南、黑龙江6省设立自贸试验区，此次新增设自贸试验区实现了中国沿海自贸试验区的全覆盖，以

---

　　① 杜海涛. 努力建设更高水平自贸试验区［EB/OL］.［2013-10-08］. http：//www.gov.cn/lianbo/bumen/202309/content_6906704. htm.

及首次在沿边设立自贸试验区；2020 年 9 月，国务院正式印发《中国（北京）自由贸易试验区总体方案》《中国（湖南）自由贸易试验区总体方案》《中国（安徽）自由贸易试验区总体方案》，明确在北京、湖南、安徽 3 省市设立自贸试验区。与此同时，国务院还发布了《中国（浙江）自由贸易试验区扩展区域方案》。浙江自贸试验区不再囿于舟山，而是扩展至宁波、杭州、金华、义乌，新增宁波片区（46 平方千米）、杭州片区（37.51 平方千米）、金义片区（35.99 平方千米），自贸试验区面积增长了 1 倍。

至此，标志着我国自贸试验区建设历时 7 年，分 6 批次，最终建设成为"1+3+7+1+6+3"布局 21 省市的开放格局，累计参与自贸试验区建设的省份数量占全国的 60% 以上，参与面更加广泛，"胡焕庸线"（黑龙江黑河—云南腾冲一线）以东地区仅有江西、贵州、山西、吉林 4 省未设自贸试验区。7 年时间，我国自贸试验区建设经历了从上海一点到沿海四省市、从沿海到内陆再到中国西部的建设历程，中国自贸试验区布局现已基本涵盖中国 5 个行政大区，形成了由沿海到内陆，由"点"到东部"一条线"再到中西部的全面推进的阶段，我国自贸试验区建设更是已形成"沿海成片、内陆连线"的分布格局。

二、我国自由贸易试验区的区位范围和战略定位

自贸试验区建设是充分发挥各地区位优势的国家扩大开放的政策手段。国务院批复同意在某省、某区域范围内设立自贸试验区，对自贸试验区及其片区的功能进行划分，明确其主要任务和措施，自贸试验区战略定位的确定是在充分考量自贸试验区所在区域的区位优势的基础上实现的，因此从自贸试验区的实施范围及战略定位上能大致反映出自贸试验区所在区域的区位优势。

（一）第一批自贸试验区（2013 年）

第一批自贸试验区只包括中国（上海）自由贸易试验区（以下简称"上海自贸试验区"）。2013 年 9 月 29 日，上海自贸试验区成立，面积 28.78 平方千米，成为中国第一个自贸试验区。2014 年 12 月 28 日，上海自贸试验区的面积扩展到

120.72平方千米①。战略定位上，上海自贸试验区作为中国经济新的试验田，加快转变政府职能，积极推进金融制度、贸易服务、外商投资和税收政策等多项改革措施，大力推动上海市转口、离岸业务的发展。

(二) 第二批自贸试验区 (2015 年)

1. 中国（天津）自由贸易试验区（以下简称"天津自贸试验区"）

2015年4月21日该试验区正式挂牌运行，试验区总面积为119.9平方千米，主要涵盖3个功能区，包括天津港片区30平方千米、天津机场片区43.1平方千米、滨海新区中心商务片区46.8平方千米。天津自贸试验区在学习和复制上海经验基础上，将重点摸索天津特色，包括用制度创新服务实体经济；借"一带一路"倡议的契机服务和带动环渤海经济；突出航运，打造航运税收、航运金融等特色。

2. 中国（福建）自由贸易试验区（以下简称"福建自贸试验区"）

2015年4月21日该试验区正式挂牌运行，福建自贸试验区总面积118.04平方千米，包括平潭片区43平方千米、厦门片区43.78平方千米、福州片区31.26平方千米。充分发挥对台优势，率先推进与台湾地区投资贸易自由化进程，把自贸试验区建设成为深化两岸经济合作的示范区；发挥对外开放前沿优势，打造面向21世纪海上丝绸之路沿线国家和地区开放合作新高地。

3. 中国（广东）自由贸易试验区（以下简称"广东自贸试验区"）

2015年4月21日该试验区正式挂牌运行，广东自贸试验区的实施范围116.2平方千米，涵盖3个片区：广州南沙新区片区60平方千米、深圳前海蛇口片区28.2平方千米、珠海横琴新区片区28平方千米。战略定位上，依托港澳、服务内地、面向世界，将自贸试验区建设成为粤港澳深度合作示范区、21世纪海上丝绸之路重要枢纽和全国新一轮改革开放先行地。

(三) 第三批自贸试验区 (2017 年)

1. 中国（辽宁）自由贸易试验区（以下简称"辽宁自贸试验区"）

2017年4月1日辽宁自贸试验区正式挂牌成立，实施范围119.89平方千米，涵盖3个片区：大连片区59.96平方千米，沈阳片区29.97平方千米，营口片区29.96平方千米。辽宁自贸试验区将打造具有国际竞争力的先进装备制造业基

---

① 中国（上海）自由贸易试验区 [EB/OL].[2023-10-08].http://www.shanghai.gov.cn/nw39342/index.html.

地、面向东北亚开放合作的战略高地、国际海铁联运大通道的重要枢纽；推进与"一带一路"国家的国际产能和装备制造合作，加快构建双向投资促进合作新机制。

2. 中国（浙江）自由贸易试验区（以下简称"浙江自贸试验区"）

2017年4月1日浙江自贸试验区正式挂牌成立，实施范围119.95平方千米，涵盖3个片区：舟山离岛片区78.98平方千米（含舟山港综合保税区区块二3.02平方千米），舟山岛北部片区15.62平方千米（含舟山港综合保税区区块一2.83平方千米），舟山岛南部片区25.35平方千米。浙江自贸试验区建设将突出重点，推动油品全产业链的投资便利化、贸易自由化，力争在企业准入资质、金融政策配套、口岸监管便利、税收政策创新等关键领域取得突破。

3. 中国（河南）自由贸易试验区（以下简称"河南自贸试验区"）

2017年4月1日河南自贸试验区正式挂牌成立，实施范围119.77平方千米，涵盖3个片区：郑州片区73.17平方千米，开封片区19.94平方千米，洛阳片区26.66平方千米。郑州片区重点发展先进制造业、跨境电商、现代金融、服务贸易等；开封片区重点发展医疗旅游、文化金融、创意设计等现代服务业；洛阳片区重点发展装备制造等高端制造业，以及文化旅游、文化贸易等现代服务业。

4. 中国（湖北）自由贸易试验区（以下简称"湖北自贸试验区"）

2017年4月1日湖北自贸试验区正式挂牌成立，实施范围119.96平方千米，涵盖3个片区：武汉片区70平方千米（含武汉东湖综合保税区5.41平方千米），襄阳片区21.99平方千米（含襄阳保税物流中心0.281平方千米），宜昌片区27.97平方千米。湖北自贸试验区将落实中央关于中部地区有序承接产业转移、建设一批战略性新兴产业和高技术产业基地的要求，发挥其在实施中部崛起战略和推进长江经济带建设中的示范作用。

5. 中国（陕西）自由贸易试验区（以下简称"陕西自贸试验区"）

2017年4月1日陕西自贸试验区正式挂牌成立，实施范围119.95平方千米，涵盖3个片区：中心片区87.76平方千米（含陕西西安出口加工区A区0.75平方千米、B区0.79平方千米，西安高新综合保税区3.64平方千米和陕西西咸保税物流中心〔B型〕0.36平方千米），西安国际港务区片区26.43平方千米（含西安综合保税区6.17平方千米，杨凌示范区片区5.76平方千米）。中心片区重点发展战略性新兴产业和高新技术产业；西安国际港务区片区重点发展国际贸易、现代物流、金融服务、旅游会展、电子商务等产业；杨凌示范区片区以农业科技创新、示范推广为重点。

6. 中国（四川）自由贸易试验区（以下简称"四川自贸试验区"）

2017 年 4 月 1 日四川自贸试验区正式挂牌成立，实施范围 119.99 平方千米，涵盖 3 个片区：成都天府新区片区 90.32 平方千米（含成都高新综合保税区区块四〔双流园区〕4 平方千米、成都空港保税物流中心〔B 型〕0.09 平方千米）；成都青白江铁路港片区 9.68 平方千米（含成都铁路保税物流中心〔B 型〕0.18 平方千米）；川南临港片区 19.99 平方千米（含泸州港保税物流中心〔B 型〕0.21 平方千米）。四川自贸试验区落实中央关于加大西部地区门户城市开放力度及建设内陆开放战略支撑带的要求，打造内陆开放型经济高地，实现内陆与沿海沿边沿江协同开放。四川自贸试验区分为成都片区、泸州川南临港片区两部分。成都片区是四川自贸试验区主体，规划面积近 100 平方千米。

7. 中国（重庆）自由贸易试验区（以下简称"重庆自贸试验区"）

2017 年 4 月 1 日重庆自贸试验区正式挂牌成立，实施范围 119.98 平方千米，涵盖 3 个片区：两江片区 66.29 平方千米（含重庆两路寸滩保税港区 8.37 平方千米），西永片区 22.81 平方千米（含重庆西永综合保税区 8.8 平方千米、重庆铁路保税物流中心〔B 型〕0.15 平方千米），果园港片区 30.88 平方千米。重庆自贸试验区将落实中央关于发挥重庆战略支点和连接点重要作用、加大西部地区门户城市开放力度的要求，带动西部大开发战略深入实施。

（四）第四批自贸试验区（2018 年）

第四批自贸试验区只包括中国（海南）自由贸易试验区（自由贸易港）（以下简称"海南自贸试验区"）。2018 年 10 月 16 日，海南自贸试验区正式批复设立，实施面积 3.54 万平方千米，范围涵盖海南岛全岛。2020 年 6 月 1 日，中共中央、国务院印发了《海南自由贸易港建设总体方案》，海南自贸试验区全面进入自由贸易港建设新阶段。战略定位上，发挥海南岛全岛试点的整体优势，紧紧围绕建设全面深化改革开放试验区、国家生态文明试验区、国际旅游消费中心和国家重大战略服务保障区，把海南打造成为引领我国新时代对外开放的鲜明旗帜和重要开放门户。到 2025 年，初步建立以贸易自由便利和投资自由便利为重点的自由贸易港政策制度体系；到 2035 年，自由贸易港制度体系和运作模式更加成熟；到 21 世纪中叶，全面建成具有较强国际影响力的高水平自由贸易港。

（五）第五批自贸试验区（2019 年）

1. 中国（山东）自由贸易试验区（以下简称"山东自贸试验区"）

2019 年 8 月 30 日山东自贸试验区正式挂牌成立，实施范围 119.98 平方千米，涵盖 3 个片区：济南片区 37.99 平方千米，青岛片区 52 平方千米（含青岛前湾保税港区 9.12 平方千米、青岛西海岸综合保税区 2.01 平方千米），烟台片区 29.99 平方千米（含烟台保税港区区块二 2.26 平方千米）。山东自贸试验区以制度创新为核心，以可复制可推广为基本要求，全面落实中央关于增强经济社会发展创新力、转变经济发展方式、建设海洋强国的要求，加快推进新旧发展动能接续转换、发展海洋经济，形成对外开放新高地。

2. 中国（江苏）自贸试验区（以下简称"江苏自贸试验区"）

2019 年 8 月 30 日江苏自贸试验区正式挂牌成立，实施范围 119.97 平方千米，涵盖 3 个片区：南京片区 39.55 平方千米，苏州片区 60.15 平方千米（含苏州工业园综合保税区 5.28 平方千米），连云港片区 20.27 平方千米（含连云港综合保税区 2.44 平方千米）。南京片区建设具有国际影响力的自主创新先导区、现代产业示范区和对外开放合作重要平台；苏州片区建设世界一流高科技产业园区，打造全方位开放高地、国际化创新高地、高端化产业高地、现代化治理高地；连云港片区建设亚欧重要国际交通枢纽、集聚优质要素的开放门户。

3. 中国（广西）自贸试验区（以下简称"广西自贸试验区"）

2019 年 8 月 30 日广西自贸试验区正式挂牌成立，实施范围 119.99 平方千米，涵盖 3 个片区：南宁片区 46.8 平方千米（含南宁综合保税区 2.37 平方千米），钦州港片区 58.19 平方千米（含钦州保税港区 8.81 平方千米），崇左片区 15 平方千米（含凭祥综合保税区 1.01 平方千米）。广西自贸试验区以制度创新为核心，以可复制可推广为基本要求，全面落实中央关于打造西南中南地区开放发展新的战略支点的要求，发挥广西与东盟国家陆海相邻的独特优势，着力建设西南中南西北出海口、面向东盟的国际陆海贸易新通道，形成 21 世纪海上丝绸之路和丝绸之路经济带有机衔接的重要门户。

4. 中国（河北）自贸试验区（以下简称"河北自贸试验区"）

2019 年 8 月 30 日河北自贸试验区正式挂牌成立，实施范围 119.97 平方千米，涵盖 4 个片区：雄安片区 33.23 平方千米、正定片区 33.29 平方千米（含石家庄综合保税区 2.86 平方千米）、曹妃甸片区 33.48 平方千米（含曹妃甸综合保税区 4.59 平方千米）、大兴机场片区 19.97 平方千米。河北自贸试验区以制度创新为核心，以可复制可推广为基本要求，全面落实中央关于京津冀协同发展战略和高标准高质量建设雄安新区要求，积极承接北京非首都功能疏解和京津科技成果转化，着力建设国际商贸物流重要枢纽、新型工业化基地、全球创新高地和开放发展先行区。

5. 中国（云南）自由贸易试验区（以下简称"云南自贸试验区"）

2019 年 8 月 30 日云南自贸试验区正式挂牌成立，实施范围 119.86 平方千米，涵盖 3 个片区：昆明片区 76 平方千米（含昆明综合保税区 0.58 平方千米），红河片区 14.12 平方千米，德宏片区 29.74 平方千米。云南自贸试验区以制度创新为核心，以可复制可推广为基本要求，全面落实中央关于加快沿边开放的要求，着力打造"一带一路"和长江经济带互联互通的重要通道，建设连接南亚、东南亚大通道的重要节点，推动形成我国面向南亚、东南亚辐射中心、开放前沿。

6. 中国（黑龙江）自由贸易试验区（以下简称"黑龙江自贸试验区"）

2019 年 8 月 30 日黑龙江自贸试验区正式挂牌成立，实施范围 119.85 平方千米，涵盖 3 个片区：哈尔滨片区 79.86 平方千米，黑河片区 20 平方千米，绥芬河片区 19.99 平方千米（含绥芬河综合保税区 1.8 平方千米）。黑龙江自贸试验区以制度创新为核心，以可复制可推广为基本要求，全面落实中央关于推动东北全面振兴全方位振兴、建成向北开放重要窗口的要求，着力深化产业结构调整，打造对俄罗斯及东北亚区域合作的中心枢纽。

（六）第六批自贸试验区（2020 年）

1. 中国（北京）自由贸易试验区（以下简称"北京自贸试验区"）

2020 年 9 月 24 日北京自贸试验区正式挂牌成立，实施范围 119.68 平方千米，涵盖 3 个片区：科技创新片区 31.85 平方千米，国际商务服务片区 48.34 平方千米（含北京天竺综合保税区 5.466 平方千米），高端产业片区 39.49 平方千米。北京自贸试验区以制度创新为核心，以可复制可推广为基本要求，全面落实中央关于深入实施创新驱动发展、推动京津冀协同发展战略等要求，助力建设具有全球影响力的科技创新中心，加快打造服务业扩大开放先行区、数字经济试验区，着力构建京津冀协同发展的高水平对外开放平台。

2. 中国（湖南）自由贸易试验区（以下简称"湖南自贸试验区"）

2020 年 9 月 24 日湖南自贸试验区正式挂牌成立，实施范围 119.76 平方千米，涵盖 3 个片区：长沙片区 79.98 平方千米（含长沙黄花综合保税区 1.99 平方千米），岳阳片区 19.94 平方千米（含岳阳城陵矶综合保税区 2.07 平方千米），郴州片区 19.84 平方千米（含郴州综合保税区 1.06 平方千米）。湖南自贸试验区以制度创新为核心，以可复制可推广为基本要求，全面落实中央关于加快建设制造强国、实施中部崛起战略等要求，发挥东部沿海地区和中西部地区过渡带、长江经济带和沿海开放经济带结合部的区位优势，着力打造世界级先进制造业集群、联通长江经济带和粤港澳大湾区的国际投资贸易走廊、中非经贸深度合作先行区和内陆开放新高地。

3. 中国（安徽）自由贸易试验区（以下简称"安徽自贸试验区"）

2020年9月24日安徽自贸试验区正式挂牌成立，实施范围119.86平方千米，涵盖3个片区：合肥片区64.95平方千米（含合肥经济技术开发区综合保税区1.4平方千米），芜湖片区35平方千米（含芜湖综合保税区2.17平方千米），蚌埠片区19.91平方千米。安徽自贸试验区以制度创新为核心，以可复制可推广为基本要求，全面落实中央关于深入实施创新驱动发展、推动长三角区域一体化发展战略等要求，发挥在推进"一带一路"建设和长江经济带发展中的重要节点作用，推动科技创新和实体经济发展深度融合，加快推进科技创新策源地建设、先进制造业和战略性新兴产业集聚发展，形成内陆开放新高地。

4. 中国（浙江）自贸试验区扩容（以下简称"浙江自贸试验区"）

2020年9月21日，在舟山离岛片区、舟山岛北部片区和舟山岛南部片区基础上，浙江自贸试验区扩展区域实施范围119.5平方千米，涵盖3个片区：宁波片区46平方千米（含宁波梅山综合保税区5.69平方千米、宁波北仑港综合保税区2.99平方千米、宁波保税区2.3平方千米），杭州片区37.51平方千米（含杭州综合保税区2.01平方千米），金义片区35.99平方千米（含义乌综合保税区1.34平方千米、金义综合保税区1.26平方千米）。至此，浙江自贸试验区达到6个片区，总面积达239.45平方千米。舟山自贸试验区，坚持以"八八战略"为统领，发挥"一带一路"建设、长江经济带发展、长三角区域一体化发展等国家战略叠加优势，着力打造以油气为核心的大宗商品资源配置基地、新型国际贸易中心、国际航运和物流枢纽、数字经济发展示范区和先进制造业集聚区。

三、各自由贸易试验片区重点产业目录

产业是各个自贸试验区持续特色化发展的基础。面向未来，各个自贸试验区都基于现有的产业基础，在打造特色产业上持续发力。自贸试验区通过积极服务产业发展需求，打造世界领先的产业集群，不断延伸和拓展产业链，扩大产业链的辐射和带动，更好地推动国内、国际双循环的相互促进，为实现高质量发展提供了有力支撑。

整体来看，不同批次自贸试验片区都对重点产业进行了明确定位，都考虑了产业基础、区位优势和面向市场，形成了较好的对内分工和对外协同。但也存在一定程度的产业雷同性，产业区分度仍有待提升，尤其是结合区位优势和基础，打造特色产业的力度仍有待加强。不同批次自贸试验区片区分布及重点产业情况，如表 1-1 所示。

表 1-1　不同批次自贸试验区片区分布及重点产业情况

批次	自贸试验区	自贸试验片区	片区规划重点产业
第一批（2013 年）	上海自贸试验区	保税片区	国际贸易、国际中转集拼、汽车展销、多式联运、航运物流、高端制造、金融服务、专业服务、文化创意、维修检测、跨境电商、融资租赁、生物医药
		金桥开发区片区（2014）	工业互联网和机器人、工业设计、新兴金融、新能源汽车及其零部件、总部经济、移动互联网视讯、电子商务、服务外包
		临港新片区（2009）	集成电路、智能新能源汽车、高端装备制造、绿色再制造、航空航天、新一代信息技术、海洋科技创新、新型国际贸易、生物医药，提供科技创新服务、跨境金融服务、国际医疗服务和现代航运服务
		陆家嘴金融片区（2014）	金融业、航运业、现代商贸业、专业服务业等，资产管理、融资租赁、总部经济、大宗商品、文化创意、专业服务"六大服务经济"能级，引导金融更好服务重点产业，促进数字经济、跨境贸易、绿色金融等创新发展
		张江高科技片区（2014）	集成电路、生物医药、软件及文化创意和新能源、新材料等战略性新兴产业集群
第二批（2014 年）	广东自贸试验区	珠海横琴新区片区	旅游休闲、物流服务、商贸和商务服务、金融服务、文化创意、医药卫生、科教研发、高新技术
		南沙新区片区	航运物流、特色金融、国际贸易、高端制造
		深圳前海蛇口片区	金融、现代物流、信息服务、科技服务和其他专业服务

续表

批次	自贸试验区	自贸试验片区	片区规划重点产业
第二批 （2014 年）	天津自贸试验区	天津港片区	航运物流、国际贸易、融资租赁、汽车及零配件流通、跨境电商、保税展示展销
		天津机场片区	民用航空、装备制造、电子信息、生物医药、航空航天、装备制造、新一代信息技术、研发设计、航空物流、保税维修与再制造、医药健康、制造维修
		滨海新区中心商务片区	金融创新、人工智能、跨境电子商务、科技信息服务
	福建自贸试验区	福州片区	物联网、精密仪器、水产品交易、会展经济、跨境电商、整车进口、金融服务
		平潭片区	旅游、文化康体、物流贸易、总部经济、影视产业
		厦门片区	国际贸易、总部经济、航运服务、航空维修、融资租赁、金融服务、跨境电商、文化贸易、集成电路研发设计、数据服务
第三批 （2017 年）	辽宁自贸试验区	大连片区	港航物流、金融商贸、先进装备制造、高新技术、循环经济、航运服务
		沈阳片区	装备制造、汽车及零部件、航空装备、金融、科技、物流
		营口片区	商贸物流、跨境电商、金融、新一代信息技术、高端装备制造
	浙江自贸试验区（2017 年涵盖 3 个片区，2020 年扩容）	舟山岛北部片区	油品等大宗商品贸易、保税燃料油供应、石油石化产业配套装备保税物流、仓储、制造
		舟山离岛片区	绿色石化，油品等大宗商品储存、中转、贸易，保税燃料油供应服务
		舟山岛南部片区	大宗商品交易、航空制造、零部件物流、研发设计及相关配套、水产品贸易、海洋旅游、海水利用、现代商贸、金融服务、航运、信息咨询、高新技术
		金义片区	数字贸易、跨境电商、保税展览、国际商务、贸易金融、现代物流、高端制造、信息技术
		杭州片区	数字经济、高端装备制造、跨境电商、生物医药、文化、旅游休闲、金融服务
		宁波片区	高端制造、绿色石化、集成电路、汽车及零部件

批次	自贸试验区	自贸试验片区	片区规划重点产业
第三批（2017年）	河南自贸试验区	开封片区	服务外包、医疗旅游、创意设计、文化传媒、文化金融、艺术品交易、现代物流
		洛阳片区	装备制造、机器人、新材料、研发设计、电子商务、服务外包、国际文化旅游、文化创意、文化贸易、文化展示
		郑州片区	智能终端、高端装备、汽车制造、生物医药、现代物流、国际商贸、跨境电商、现代金融服务、服务外包、创意设计、商务会展、动漫游戏
	湖北自贸试验区	武汉片区	新一代信息技术、生命健康、智能制造、国际商贸、金融服务、现代物流、检验检测、研发设计、信息服务、专业服务
		襄阳片区	高端装备制造、新能源汽车、大数据、云计算、商贸物流、检验检测
		宜昌片区	先进制造、生物医药、电子信息、新材料等高新产业及研发设计、总部经济、电子商务
	重庆自贸试验区	两江片区	高端装备、电子核心部件、云计算、生物医药、总部贸易、服务贸易、电子商务、保税展示交易、仓储分拨、专业服务、融资租赁、研发设计
		果园港片区	国际中转、集拼分拨
		西永片区	电子信息、智能装备、保税物流中转分拨
	四川自贸试验区	川南临港片区	航运物流、港口贸易、教育医疗、装备制造、现代医药、食品饮料
		成都青白江铁路港片区	国际商品集散转运、分拨展示、保税物流仓储、国际货代、整车进口、特色金融、信息服务、科技服务、会展服务
		成都天府新区片区	现代服务业、高端制造业、高新技术、临空经济、口岸服务
	陕西自贸试验区	西安国际港务区片区	国际贸易、现代物流、金融服务、旅游会展、电子商务
		杨凌示范区片区	农业科技
		中心片区	高端制造、航空物流、贸易金融

续表

批次	自贸试验区	自贸试验片区	片区规划重点产业
第四批 （2018年）	海南自贸试验区	海南自贸区	围绕旅游业、现代服务业、高新技术产业三大主导产业，发展种业、医疗、教育、旅游、电信、互联网、文化、金融、航运、海洋经济、先进制造业
第五批 （2019年）	山东自贸试验区	青岛片区	现代海洋、国际贸易、航运物流、现代金融、先进制造
		济南片区	人工智能、产业金融、医疗康养、文化产业、信息技术
		烟台片区	高端装备制造、新材料、新一代信息技术、节能环保、生物医药、生产性服务业
	江苏自贸试验区	连云港片区	新医药、新材料、新能源、大数据、高端装备制造、航运物流、文化旅游、健康养老
		南京片区	集成电路、生命健康、人工智能、物联网、现代金融
		苏州片区	生物医药、纳米技术应用、人工智能、新一代信息技术、高端装备制造、现代服务业
	广西自贸试验区	崇左片区	跨境贸易、跨境物流、跨境金融、跨境旅游、跨境劳务合作
		南宁片区	现代金融、智慧物流、数字经济、文化传媒、新兴制造产业
		钦州港片区	港航物流、国际贸易、绿色化工、新能源汽车关键零部件、电子信息、生物医药
	河北自贸试验区	曹妃甸片区	国际大宗商品贸易、港航服务、能源储配、高端装备制造
		大兴机场片区	航空物流、航空科技、融资租赁
		雄安片区	新一代信息技术、现代生命科学、生物技术、高端现代服务业
		正定片区	临空产业、生物医药、国际物流、高端装备制造
	云南自贸试验区	德宏片区	跨境电商、跨境产能合作、跨境金融
		红河片区	加工及贸易、大健康服务、跨境旅游、跨境电商
		昆明片区	高端制造、航空物流、数字经济、总部经济
	黑龙江自贸试验区	哈尔滨片区	新一代信息技术、新材料、高端装备、生物医药、科技、金融、文化旅游、寒地冰雪经济
		黑河片区	跨境能源资源综合加工利用、绿色食品、商贸物流、旅游、健康、沿边金融
		绥芬河片区	木材、粮食、清洁能源等进口加工业和商贸金融、现代物流

续表

批次	自贸试验区	自贸试验片区	片区规划重点产业
第六批（2020年）	湖南自贸试验区	岳阳片区	航运物流、电子商务、新一代信息技术
		郴州片区	有色金属加工、现代物流
		长沙片区	高端装备制造、新一代信息技术、生物医药、电子商务、农业科技
	北京自贸试验区	国际商务服务片区	数字贸易、文化贸易、商务会展、医疗健康、国际寄递物流、跨境金融
		科技创新片区	新一代信息技术、生物与健康、科技服务
		高端产业片区	商务服务、国际金融、文化创意、生物技术、大健康
	安徽自贸试验区	蚌埠片区	硅基新材料、生物基新材料、新能源
		合肥片区	高端制造、集成电路、人工智能、新型显示、量子信息、科技金融、跨境电商
		芜湖片区	智能网联汽车、智慧家电、航空、机器人、航运服务、跨境电商

资料来源：笔者根据商务部自贸区港建协调司《自贸试验片区重点发展产业列表》和相关自贸试验片区门户网站整理。

第二章　自由贸易试验区制度创新

探索高水平对外开放路径和模式是自贸试验区的历史使命，开展制度创新是自贸试验区高质量发展的核心任务和必由之路。通过先闯先试，才能在现有开放格局和体制框架下开展深度压力测试，形成先行示范，真正达到为国家试制度、为地方谋发展、为人民谋福祉的整体目标。伴随着自贸试验区建设，全国已经进行了多个批次的制度创新成果复制推广，营造了制度创新、先改先闯的氛围，试验区改革红利得到较好释放。

一、自由贸易试验区管理体制

我国设立自贸试验区的同时考虑了中央统筹和地方推进两个因素，因此，自贸试验区的设立并没有形成统一的管理体制，不同试验区都存在一定差异，为地方发挥积极性、主动性提供了自由探索和改革创新空间。

从共性方面看，一部分自贸试验区的领导小组办公室按照职能分工设在商务部门，另一部分则与当地相应层级的政府合署办公。福建、辽宁、河南、江苏、河北自贸试验区的领导小组办公室均设在所在省的省商务厅；重庆自贸试验区领导小组办公室设在市商务委员会，由市商务主管部门承担领导小组的日常工作；北京自贸试验区工作领导小组办公室设在市商务局，由市委书记任组长，市长任副组长；安徽自贸试验区领导小组办公室设在省商务主管部门；湖南由省商务厅加挂湖南自贸试验区工作办公室牌子，同时作为自贸试验区领导小组的办事机构；上海自贸试验区管理委员会与浦东新区人民政府合署；天津自贸试验区管理委员会在天津市滨海新区人民政府加挂牌子，其下设立试验区管委会办公室、试验区推进工作领导小组等。

从自贸试验区的行政层级来看，自贸试验区层面的领导小组大都是省级政府派出机构，片区层面存在显著差异。除了少部分片区明确为省级的派出机构，其余大多为所在州市人民政府派出机构。明确为省级政府派出机构的片区，如广西崇左片区管委会为自治区党委、自治区政府的派出机构；黑龙江省的哈尔滨、黑河、绥芬河片区管理委员会为省政府派出机构，由片区所在地市政府代管。列明为所属州市政府的派出机构包括上海保税区管理局、上海临港新片区管委会、广东前海蛇口片区管委会、辽宁大连片区管委会、湖北武汉片区管委会、武汉襄阳片区管委会、武汉宜昌片区管委会、河北正定片区管委会、河北曹妃甸片区管委会、河北大兴机场片区管委会、云南红河片区管委会。这为片区管委会更有效行使市级权限、承接省级权限，提高片区制度创新提供了有力保障。

浙江自由贸易试验区在舟山市的三个片区体现了明显的差异性，成立了专门的跨片区统一管理的专门机构，即舟山离岛片区、舟山岛北部片区、舟山岛南部片区均由舟山管理委员会管理，舟山管理委员会属于市级层面，与舟山市人民政府、舟山群岛新区管理委员会合署，属于"三块牌子一套班子"。

还有一些片区探索了多区叠加建设的创新模式。四川川南临港片区叠加综保区和跨境电商综试区，同样按照"三块牌子一套班子"的模式运行，在原党工委、管理委员会的基础上加挂泸州综保区、跨境电商综试区党工委、管理委员会的牌子；江苏南京片区管理委员会设在南京市江北新区管委会，即新区党工委、管理委员会、自贸区南京片区管理委员会作为统一主体；连云港片区的管理委员会设在连云港经济技术开发区管理委员会；云南昆明片区与昆明经济技术开发区叠加建设。

各片区的编制核定也存在明显差异。陕西西安国际港务区片区、陕西杨凌示范区片区在组织架构中写明片区工作领导小组办公室或片区管理委员会属于正处级；广西崇左片区管理委员会与凭祥综合保税区工作委员会、凭祥综合保税区管理委员会合署办公，属于全额拨款的正厅级行政单位；黑龙江哈尔滨片区特别说明片区管理局是依照法定授权履行自贸区片区相应行政管理和公共服务职责的法定机构，没有行政级别也没有法定编制，该机构实行全员聘用制。其余自贸试验片区均未写明领导小组或管理委员会的行政级别。

二、自由贸易试验区条例、管理办法制定情况

与其他的改革部署不同，自贸试验区由于经济区位、产业基础、面向市场和试验任务的内在不同，并没有形成统一的全国性自贸试验区管理条例、管理办法，各个自贸试验区的底层制度基础是国务院批准的自贸试验区的总体方案。总体方案主要明确了总体要求、区位布局、主要任务和措施、机制保障，其中机制保障是原则性的，明确了各个自贸试验区要充分发挥地方和部门积极性，加强地方立法，把工作做细、制度做实，推动改革试点任务落实。因此，各个自贸试验区为了完善制度建设，夯实制度保障，纷纷出台了自贸试验区条例、管理办法。本书对各自贸试验区制定出台条例、管理办法的情况进行了系统梳理，结果如表2-1所示。

表2-1 自贸试验区条例、管理办法发布情况

省份	条例		管理办法	
	通过时间	施行时间	通过时间	施行时间
上海	2014年7月25日	2014年8月1日	2013年9月22日	2013年10月1日
广东	2016年5月25日	2016年7月1日	2015年2月7日	（试行）2015年4月20日
天津	2015年12月24日		条例施行同时管理办法废止	
福建	2016年4月1日	2016年4月1日	2015年2月15日	2015年4月20日
辽宁	2018年7月25日	2018年10月1日	未发布	
浙江	2022年3月18日	2022年5月1日	未发布	
河南	2021年4月2日	2021年7月1日	2017年2月21日	（试行）2017年3月29日
湖北	2018年9月30日	2019年1月1日	2017年4月10日	2017年4月18日
重庆	2019年9月26日	2019年11月1日	管理试行办法已废止，正式管理办法未发布	
四川	2019年5月23日	2019年7月1日	2017年7月25日	2017年8月6日
陕西	2021年3月31日	2021年5月1日	2017年12月14日	

省份	条例		管理办法	
	通过时间	施行时间	通过时间	施行时间
海南	2021年6月10日		未发布	
山东	2020年9月25日	2021年1月1日	未发布	
江苏	2021年1月15日	2021年3月1日	未发布	
广西	2020年9月22日		未发布	
河北	未发布		2019年10月10日	2019年10月28日
云南	征求意见稿阶段		2020年2月4日	2020年3月5日
黑龙江	未发布		2020年10月15日	
北京	2022年3月31日	2022年5月1日	未发布	
湖南	2022年1月11日	2022年3月1日	（试行）2021年3月23日	
安徽	2022年3月25日	2022年5月1日	未发布	

注：时间截至2022年5月31日。

资料来源：笔者整理。

通过表2-1可以看出，各自贸试验区对出台地方管理条例、管理办法都较为积极，体现出在自主开展先行先试过程中，自贸试验区对制度保障底层制度支持是一种刚需。目前，全国同时发布了条例和管理办法的试验区有上海、广东、福建、河南、四川等，其他试验区至少完成了一项制度规章的发布，为自贸试验区制度创新和改革发展奠定了基础。

三、自由贸易试验区片区战略定位及发展目标

因地制宜谋划开放路径、开放模式是我国加强自贸试验区建设的内在任务，推动多轮自贸区建设就是为了推动各个地方围绕开放难点、痛点闯出新路子、取得新成效。国务院发布的各自由贸易试验区的总体方案和各自贸试验区发布的条例或管理办法都对建设目标和重点产业进行了明确。为了直观展示各个自贸试验区片区的定位差异，本书对片区的重点发展产业及目标定位进行了梳理，具体如表2-2所示。

表2-2 中国自贸试验区各片区重点发展产业及目标定位

自贸试验区	片区	重点产业及目标定位
广东自贸试验区	南沙新区片区	重点发展航运物流、特色金融、国际商贸、高端制造等产业，建设以生产性服务业为主导的现代产业新高地和具有世界先进水平的综合服务枢纽
	深圳前海蛇口片区	重点发展金融、现代物流、信息服务、科技服务等战略性新兴服务业，建设我国金融业对外开放试验示范窗口、世界服务贸易重要基地和国际性枢纽港
	珠海横琴新区片区	重点发展旅游休闲健康、商务金融服务、文化科教和高新技术等产业，建设文化教育开放先导区和国际商务服务休闲旅游基地，打造促进澳门经济适度多元发展新载体
天津自贸试验区	天津港片区	重点发展航运物流、国际贸易、融资租赁等现代服务业
	天津机场片区	重点发展航空航天、装备制造、新一代信息技术等高端制造业和研发设计、航空物流等生产性服务业
	滨海新区中心商务片区	重点发展以金融创新为主的现代服务业
福建自贸试验区	平潭片区	重点建设两岸共同家园和国际旅游岛，在投资贸易和资金人员往来方面实施更加自由便利的措施
	厦门片区	重点建设两岸新兴产业和现代服务业合作示范区、东南国际航运中心、两岸区域性金融服务中心和两岸贸易中心
	福州片区	重点建设先进制造业基地、21世纪海上丝绸之路沿线国家和地区交流合作的重要平台、两岸服务贸易与金融创新合作示范区
辽宁自贸试验区	大连片区	重点发展港航物流、金融商贸、先进装备制造、高新技术、循环经济、航运服务等产业，推动东北亚国际航运中心、国际物流中心建设进程，形成面向东北亚开放合作的战略高地
	沈阳片区	重点发展装备制造、汽车及零部件、航空装备等先进制造业和金融、科技、物流等现代服务业，提高国家新型工业化示范城市、东北地区科技创新中心发展水平，建设具有国际竞争力的先进装备制造业基地
	营口片区	重点发展商贸物流、跨境电商、金融等现代服务业和新一代信息技术、高端装备制造等战略性新兴产业，建设区域性国际物流中心和高端装备制造、高新技术产业基地，构建国际海铁联运大通道的重要枢纽

续表

自贸试验区	片区	重点产业及目标定位	
浙江自贸试验区	舟山离岛片区	打造以油气为核心的大宗商品全球资源配置基地，建设具有国际影响力的国际油气交易中心、国际海事服务基地、国际石化基地、国际油气储运基地和大宗商品跨境贸易人民币国际化示范区	离山岛重点建设国际一流的绿色石化基地，鼠浪湖岛、黄泽山岛、双子山岛、衢山岛、小衢山岛、马迹山岛重点发展油品等大宗商品储存、中转、贸易产业，海洋锚地重点发展保税燃料油供应服务
	舟山岛北部片区		重点发展油品等大宗商品贸易、保税燃料油供应、石油石化产业配套装备保税物流、仓储、制造等产业
	舟山岛南部片区		重点发展大宗商品交易、航空制造、零部件物流、研发设计及相关配套产业，建设舟山航空产业园，着力发展水产品贸易、海洋旅游、海水利用、现代商贸、金融服务、航运、信息咨询、高新技术等产业
	宁波片区	建设链接内外、多式联运、辐射力强、成链集群的国际航运枢纽，打造具有国际影响力的油气资源配置中心、国际供应链创新中心、全球新材料科创中心、智能制造高质量发展示范区	
	杭州片区	打造全国领先的新一代人工智能创新发展试验区、国家金融科技创新发展试验区和全球一流的跨境电商示范中心，建设数字经济高质量发展示范区	
	金义片区	打造世界"小商品之都"，建设国际小商品自由贸易中心、数字贸易创新中心、内陆国际物流枢纽港、制造创新示范地和"一带一路"开放合作重要平台	
河南自贸试验区	郑州片区	重点发展智能终端、高端装备及汽车制造、生物医药等先进制造业，以及现代物流、国际商贸、跨境电商、现代金融服务、服务外包、创意设计、商务会展、动漫游戏等现代服务业，在促进交通物流融合发展和投资贸易便利化方面推进体制机制创新，打造多式联运国际性物流中心，发挥服务"一带一路"建设的现代综合交通枢纽作用	
	开封片区	重点发展服务外包、医疗旅游、创意设计、文化传媒、文化金融、艺术品交易、现代物流等服务业，提升装备制造、农副产品加工国际合作及贸易能力，构建国际文化贸易和人文旅游合作平台，打造服务贸易创新发展区和文创产业对外开放先行区，促进国际文化旅游融合发展	
	洛阳片区	重点发展装备制造、机器人、新材料等高端制造业以及研发设计、电子商务、服务外包、国际文化旅游、文化创意、文化贸易、文化展示等现代服务业，提升装备制造业转型升级能力和国际产能合作能力，打造国际智能制造合作示范区，推进华夏历史文明传承创新区建设	

续表

自贸试验区	片区	重点产业及目标定位
湖北自贸试验区	武汉片区	重点发展新一代信息技术、生命健康、智能制造等战略性新兴产业和国际商贸、金融服务、现代物流、检验检测、研发设计、信息服务、专业服务等现代服务业
	襄阳片区	重点发展高端装备制造、新能源汽车、大数据、云计算、商贸物流、检验检测等产业
	宜昌片区	重点发展先进制造、生物医药、电子信息、新材料等高新产业及研发设计、总部经济、电子商务等现代服务业
重庆自贸试验区	两江片区	着力打造高端产业与高端要素集聚区，重点发展高端装备、电子核心部件、云计算、生物医药等新兴产业及总部贸易、服务贸易、电子商务、展示交易、仓储分拨、专业服务、融资租赁、研发设计等现代服务业，推进金融业开放创新，加快实施创新驱动发展战略，增强物流、技术、资本、人才等要素资源的集聚辐射能力
	西永片区	着力打造加工贸易转型升级示范区，重点发展电子信息、智能装备等制造业及保税物流中转分拨等生产性服务业，优化加工贸易发展模式
	果园港片区	着力打造多式联运物流转运中心，重点发展国际中转、集拼分拨等服务业，探索先进制造业创新发展
四川自贸试验区	成都天府新区片区	重点发展现代服务业、高端制造业、高新技术、临空经济、口岸服务等产业，建设国家重要的现代高端产业集聚区、创新驱动发展引领区、开放型金融产业创新高地、商贸物流中心和国际性航空枢纽，打造西部地区门户城市开放高地
	成都青白江铁路港片区	重点发展国际商品集散转运、分拨展示、保税物流仓储、国际货代、整车进口、特色金融等口岸服务业和信息服务、科技服务、会展服务等现代服务业，打造内陆地区联通丝绸之路经济带的西向国际贸易大通道重要支点
	川南临港片区	重点发展航运物流、港口贸易、教育医疗等现代服务业，以及装备制造、现代医药、食品饮料等先进制造和特色优势产业，建设成为重要区域性综合交通枢纽和成渝城市群南向开放、辐射滇黔的重要门户
陕西自贸试验区	中心片区	重点发展战略性新兴产业和高新技术产业，着力发展高端制造、航空物流、贸易金融等产业，推进服务贸易促进体系建设，拓展科技、教育、文化、旅游、健康医疗等人文交流的深度和广度，打造面向"一带一路"的高端产业高地和人文交流高地
	西安国际港务区片区	重点发展国际贸易、现代物流、金融服务、旅游会展、电子商务等产业，建设"一带一路"国际中转内陆枢纽港、开放型金融产业创新高地及欧亚贸易和人文交流合作新平台
	杨凌示范区片区	以农业科技创新、示范推广为重点，通过全面扩大农业领域国际合作交流，打造"一带一路"现代农业国际合作中心

自贸试验区	片区	重点产业及目标定位
海南自贸试验区	海南自贸区	按照海南省总体规划的要求，以发展旅游业、现代服务业、高新技术产业为主导，科学安排海南岛产业布局
山东自贸试验区	济南片区	重点发展人工智能、产业金融、医疗康养、文化产业、信息技术等产业，开展开放型经济新体制综合试点试验，建设全国重要的区域性经济中心、物流中心和科技创新中心
	青岛片区	重点发展现代海洋、国际贸易、航运物流、现代金融、先进制造等产业，打造东北亚国际航运枢纽、东部沿海重要的创新中心、海洋经济发展示范区，助力青岛打造我国沿海重要中心城市
	烟台片区	重点发展高端装备制造、新材料、新一代信息技术、节能环保、生物医药和生产性服务业，打造中韩贸易和投资合作先行区、海洋智能制造基地、国家科技成果和国际技术转移转化示范区
江苏自贸试验区	南京片区	重点建设具有国际影响力的自主创新先导区、现代产业示范区和对外开放合作重要平台
	苏州片区	重点建设世界一流高科技产业园区，打造全方位开放高地、国际化创新高地、高端化产业高地、现代化治理高地
	连云港片区	重点建设亚欧重要国际交通枢纽、集聚优质要素的开放门户、共建"一带一路"国家（地区）交流合作平台
广西自贸试验区	南宁片区	重点发展现代金融、智慧物流、数字经济、文化传媒等现代服务业，大力发展新兴制造产业，打造面向东盟的金融开放门户核心区和国际陆海贸易新通道重要节点
	钦州港片区	重点发展港航物流、国际贸易、绿色化工、新能源汽车关键零部件、电子信息、生物医药等产业，打造国际陆海贸易新通道门户港和向海经济集聚区
	崇左片区	重点发展跨境贸易、跨境物流、跨境金融、跨境旅游和跨境劳务合作，打造跨境产业合作示范区，构建国际陆海贸易新通道陆路门户
河北自贸试验区	雄安片区	重点发展新一代信息技术、现代生命科学和生物技术、高端现代服务业等产业，建设高端高新产业开放发展引领区、数字商务发展示范区、金融创新先行区
	正定片区	重点发展临空产业、生物医药、国际物流、高端装备制造等产业，建设航空产业开放发展集聚区、生物医药产业开放创新引领区、综合物流枢纽
	曹妃甸片区	重点发展国际大宗商品贸易、港航服务、能源储配、高端装备制造等产业，建设东北亚经济合作引领区、临港经济创新示范区
	大兴机场片区	重点发展航空物流、航空科技、融资租赁等产业，建设国际交往中心功能承载区、国家航空科技创新引领区、京津冀协同发展示范区

自贸试验区	片区	重点产业及目标定位
云南自贸试验区	昆明片区	加强与空港经济区联动发展，重点发展高端制造、航空物流、数字经济、总部经济等产业，建设面向南亚东南亚的互联互通枢纽、信息物流中心和文化教育中心
	红河片区	加强与红河综合保税区、蒙自经济技术开发区联动发展，重点发展加工及贸易、大健康服务、跨境旅游、跨境电商等产业，全力打造面向东盟的加工制造基地、商贸物流中心和中越经济走廊创新合作示范区
	德宏片区	重点发展跨境电商、跨境产能合作、跨境金融等产业，打造沿边开放先行区、中缅经济走廊的门户枢纽
黑龙江自贸试验区	哈尔滨片区	重点发展新一代信息技术、新材料、高端装备、生物医药等战略性新兴产业，科技、金融、文化旅游等现代服务业和寒地冰雪经济，建设对俄罗斯及东北亚全面合作的承载高地和联通国内、辐射欧亚的国家物流枢纽，打造东北全面振兴全方位振兴的增长极和示范区
	黑河片区	重点发展跨境能源资源综合加工利用、绿色食品、商贸物流、旅游、健康、沿边金融等产业，建设跨境产业集聚区和边境城市合作示范区，打造沿边口岸物流枢纽和中俄交流合作重要基地
	绥芬河片区	重点发展木材、粮食、清洁能源等进口加工业和商贸金融、现代物流等服务业，建设商品进出口储运加工集散中心和面向国际陆海通道的陆上边境口岸型国家物流枢纽，打造中俄战略合作及东北亚开放合作的重要平台
北京自贸试验区	科技创新片区	重点发展新一代信息技术、生物与健康、科技服务等产业，打造数字经济试验区、全球创业投资中心、科技体制改革先行示范区
	国际商务服务片区	重点发展数字贸易、文化贸易、商务会展、医疗健康、国际寄递物流、跨境金融等产业，打造临空经济创新引领示范区
	高端产业片区	重点发展商务服务、国际金融、文化创意、生物技术和大健康等产业，建设科技成果转换承载地、战略性新兴产业集聚区和国际高端功能机构集聚区
湖南自贸试验区	长沙片区	重点对接"一带一路"建设，突出临空经济，重点发展高端装备制造、新一代信息技术、生物医药、电子商务、农业科技等产业，打造全球高端装备制造业基地、内陆地区高端现代服务业中心、中非经贸深度合作先行区和中部地区崛起增长极
	岳阳片区	重点对接长江经济带发展战略，突出临港经济，重点发展航运物流、电子商务、新一代信息技术等产业，打造长江中游综合性航运物流中心、内陆临港经济示范区
	郴州片区	重点对接粤港澳大湾区建设，突出湘港澳直通，重点发展有色金属加工、现代物流等产业，打造内陆地区承接产业转移和加工贸易转型升级重要平台以及湘粤港澳合作示范区

自贸试验区	片区	重点产业及目标定位
安徽自贸试验区	合肥片区	重点建设具有全球影响力的综合性国家科学中心和产业创新中心引领区
	芜湖片区	重点建设战略性新兴产业先导区、江海联运国际物流枢纽区
	蚌埠片区	重点建设世界级硅基和生物基制造业中心、皖北地区科技创新和开放发展引领区

资料来源：笔者根据各自贸试验区的总体方案及条例整理。

各个片区的目标定位普遍强调要打造产业聚集区、枢纽区、示范区、引领区，通过大力发展具有较好产业基础和广阔发展前景的高端装备制造、新一代信息技术、生物医药、跨境物流、跨境电商、农业科技、服务贸易等重点产业，构建区域经济增长动力。整体来看，各自贸试验区的产业发展定位各有侧重，但也存在部分产业基础薄弱、前后向供应链支撑不足、可持续发展能力亟待提升等问题。

四、自由贸易试验区面向的国内外市场

经国务院批准执行的总体方案是各个自贸试验区推动改革发展的基础性文件。鉴于总体方案的宏观性和区域差异性，各地都加强了地方立法，通过出台条例，进一步明确自贸试验区的发展目标、主要任务、运行机制和制度保障，并根据地理位置和战略定位对各试验区可以依托的国内布局、主要面向的国际市场及其在国际合作中应起到的作用提出了指导性规划。

（一）自由贸易试验区国内依托地区

为了直观呈现全国各自贸试验区面向的国内市场，及其在依托国内区域优势促改革谋发展战略规划上的差异，本部分在系统整理全部试验区条例的基础上，借助 Python，采用文本分析方法，对各试验区条例所提及的国内区域或城市进行了词频统计，形成词频分析结果，如表2-3所示。

表 2-3 各自贸试验区条例中国内区域词频分析结果

自贸试验区	自贸试验区条例中提及的国内区域及对应词频				
广东自贸试验区	粤港澳（14）	港澳（14）	澳门（4）	广州南沙保税港区（1）	深圳前海湾保税港区（1）
天津自贸试验区	京津冀（11）	北京市（4）	河北省（4）	北方地区（1）	港澳台（1）
	内陆无水港布局（1）				
福建自贸试验区	台湾（16）				
辽宁自贸试验区	东北地区（6）	老工业基地（4）	沈抚新区（1）	香港（1）	上海（1）
	天津（1）	广东（1）	福建（1）	内陆无水港布局（1）	
浙江自贸试验区	义乌（3）	杭州城西科技创新大走廊（1）	宁波甬江科技创新大走廊（1）	浙中科技创新大走廊（1）	长江经济带（1）
	长江三角洲（1）	内陆国际物流枢纽港（1）			
河南自贸试验区	内陆（1）				
湖北自贸试验区	长江经济带（9）	长江（1）	内陆（1）		
重庆自贸试验区	内陆（7）	西部（5）	长江经济带（3）		
四川自贸试验区	内陆（7）	沿海地区（4）	沿江地区（4）	沿边地区（3）	澳门（2）
	台湾（2）	长江（1）	长江经济带（1）		
陕西自贸试验区	西部（9）	西安（5）	黄河流域（2）	上海（2）	关中平原（2）
	内陆（2）				
山东自贸试验区	港澳台（1）	青岛市（1）	烟台市（1）		
江苏自贸试验区	长江经济带（6）	长三角（4）	苏南国家自主创新示范区（1）	长江（1）	

续表

自贸试验区	自贸试验区条例中提及的国内区域及对应词频				
广西自贸试验区	粤港澳大湾区（5）	港澳地区（5）	西南（2）	中南（2）	香港（2）
	澳门（2）	长江经济带（1）	西北（1）	中西部地区（1）	海南自由贸易港（1）
济南自由贸易港	海南自由贸易港（1）				
北京自贸试验区	京津冀（6）	河北（5）	天津（3）	中关村（1）	
湖南自贸试验区	粤港澳大湾区（5）	长江经济带（4）	香港（4）	国际投资贸易走廊（3）	内陆地区（3）
	澳门（3）	港澳（3）	内陆临港（2）	中西部（2）	综合保税区（1）
	长沙四小时航空经济圈（1）	岳阳城陵矶港区（1）	湘粤赣省际区域物流枢纽（1）	湘粤非铁海联运通道（1）	中部地区（1）
安徽自贸试验区	长三角（10）	长江（5）	长江经济带（4）	中部地区（3）	皖北（2）
	淮河（2）	皖江城市带（1）	虹桥国际开放枢纽（1）	中原经济区（1）	武汉城市圈（1）
	长株潭城市群（1）	鄱阳湖生态经济区（1）			

注："粤港澳大湾区"与"粤港澳"合并统计，自贸试验区本身涵盖片区名称未纳入统计；上海条例没有提及除片区外的其他地区，未列入表中；河北、云南、黑龙江三个自贸试验区未发布正式的条例文件，因此未做统计。

资料来源：笔者根据各自贸试验区条例内容整理。其中海南自由贸易港依据《中华人民共和国海南自由贸易港法》。

整体来看，港澳台和长江经济带（长三角）被提及次数最多，除河南、陕西、北京和安徽外，在其他试验区条例中均有提及。比较不同试验区所提及的各类国内区域词汇，也可看出较强的差异性。如广东自贸试验区突出强调了广州南沙保税港区、深圳前海湾保税港区的引领作用；辽宁自贸试验区专门有针对老工业基地结构调整的内容；浙江自贸试验区条例提出要支持自贸试验区与杭州城西科技创新大走廊、宁波甬江科技创新大走廊、浙中科技创新大走廊等开展协作，推动数字产业联动发展。

（二）各自由贸易试验区面向的国际市场

为了直观呈现全国自贸试验区面向的国际市场，融入国际市场促改革谋发展的差异，本部分采用与上一部分相同的方法，对条例文本中的国家或国际区域进行了文本词频统计，形成的分析结果如表2-4所示。

表2-4　各自贸试验区条例中国外地区词频分析结果

自贸试验区	词频1	词频2	词频3	词频4
广东自贸试验区	"一带一路"（8）			
天津自贸试验区	亚太经济合作组织（1）	"一带一路"（1）		
福建自贸试验区	海上丝绸之路（4）			
辽宁自贸试验区	"一带一路"（4）	东北亚（3）	中蒙俄经济走廊（1）	
浙江自贸试验区	中欧班列（1）			
河南自贸试验区	"一带一路"（8）			
湖北自贸试验区	"一带一路"（2）	中欧班列（2）		
重庆自贸试验区	"一带一路"（2）	中欧班列（2）		
四川自贸试验区	丝绸之路经济带（2）	海上丝绸之路（1）		
陕西自贸试验区	"一带一路"（27）	中欧班列（4）	丝绸之路（3）	
山东自贸试验区	韩国（5）	日本（3）	中欧班列（1）	东亚（1）
江苏自贸试验区	"一带一路"（6）	中欧班列（1）	亚欧（1）	
广西自贸试验区	东盟国家（11）	"一带一路"（7）	中欧班列（1）	海上丝绸之路（1）
	东盟金融城（1）	马来西亚（1）	澜沧江—湄公河（1）	
北京自贸试验区	"一带一路"（1）			
湖南自贸试验区	非洲（27）	"一带一路"（4）	中欧班列（1）	
安徽自贸试验区	"一带一路"（2）	中欧班列（1）	中亚（1）	欧洲（1）

注：上海条例和海南自由贸易港法没有提及国外地区，未列入表中；河北、云南、黑龙江三个自贸试验区未发布正式的条例文件，故未做统计。

资料来源：笔者根据各自贸试验区条例内容整理。

整体来看，我国自由贸易试验区的国际合作关注重点为"一带一路"和中欧班列。具体来看，各自贸区条例均体现出了开放的较强指向性，且在亚洲的战略布局上有一定划分：辽宁在重点关注面向东北亚区域的开放与合作的同时，提出要全面融入中蒙俄经济走廊的建设；广西提出要在中国—东盟自由贸易区、区域全面经济伙伴关系、澜沧江—湄公河合作等区域、次区域框架下先行先试，引领面向东盟的开放合作，合作对象集中在地理位置邻近的东盟国家中；湖南重点强调与非洲的经贸合作；山东关注东亚，江苏关注亚欧，安徽则面向中亚。

（三）自由贸易试验区关注重点

除上文所列的各自贸试验区所依托的国内地区和面向的国际市场之外，本书还将全部自贸试验区条例、《中华人民共和国海南自由贸易港法》等文件内容整理归并在一起，整理出词频排名前100的所有词汇并制成词云图，如图2-1所示，以期体现出全国自由贸易试验区整体建设所关注的重点内容。相关内容出现的次数越多表明其受到的关注越多，往往也是自贸试验区的重点工作。

图2-1 自贸试验区条例词云图

注：删除了"自贸试验区""应当""或者""可以""相关""有关""方面""根据""以及""其他"等词频较高，但为文件固定用语或者所含语义较少的10个单词。词汇、词频越高在词云图中的字号越大。

资料来源：除河北、云南、黑龙江以外的其他自贸试验区的条例文本，以及《中华人民共和国海南自由贸易港法》。

观察词云图不难发现，发展、创新、支持、建设、开展、推进、鼓励、推动、完善、探索等情绪倾向积极正面的动词出现频率很高，充分体现出我国建设自由贸易试验区先行先试筑改革高地的决心。

将词频结果进行分类，可以看到与政府职能转变相关的词汇有监管、管理、改革、制度、规定、行政等，与贸易投资便利化相关的词汇包括贸易、投资、自由贸易、海关、知识产权等，与金融创新相关的词汇包括金融、融资、金融机构，如表2-5所示。

表2-5   自贸试验区条例词频前100词汇主题分类

政府职能转变	贸易投资便利化	金融创新
监管（396）	贸易（352）	金融（213）
管理（388）	投资（309）	融资（138）
改革（332）	自由贸易（218）	金融机构（121）
制度（286）	海关（161）	
规定（256）	知识产权（149）	
行政（209）	便利（145）	
政策（146）	外商投资（123）	
法规（111）	物流（121）	
事项（98）	保税（113）	
审批（96）	清单（106）	
	检验（97）	
	便利化（93）	

五、制度创新推广

2014年以来，国务院先后启动了六批自贸试验区改革试点经验的全国性复制推广。截至2017年1月，按领域划分共包括28项投资管理及便利化、13项贸易便利化、12项金融创新。2017年2月至2019年9月，涉及的复制推广事项包括3项投资管理、2项贸易便利化、3项金融开放创新、1项事中事后监管、12项人员流动便利。

国务院先后启动的六批自贸试验区改革试点经验复制推广呈现出鲜明的差异性，凸显了试验改革任务分领域、分地区、分步骤逐步递进、有序展开的特点。

第一批的复制推广主要集中在投资管理、贸易便利化、金融、服务业开放、海关监管和检验检疫制度创新、事中事后监管等方面,主要推广了外资企业设立、外资项目备案、涉税事项网上审批备案、检验检疫通关无纸化、第三方检验结果采信、跨境结算、行业准入、市场监督管理等先进做法。第二批主要集中在推动投资管理体制改革、国际贸易"单一窗口"、区域检验检疫一体化、跨境电商监管新模式、市场监管服务制度改革等方面。第三批主要集中在推动负面清单以外领域外商投资企业设立及变更审批改革、国际海关经认证的经营者互认制度、出境加工监管、原产地签证管理改革创新、一次备案多次使用、海关特殊监管区域间保税货物流转监管模式等制度改革。第四批主要集中在推动国际船舶登记制度、对外贸易经营者备案和原产地企业备案"两证合一"、工业产品生产许可证"一企一证"改革、先放行后改单作业模式、跨部门一次性联合检查、国际船舶管理领域扩大开放、海关企业注册及电子口岸入网全程无纸化、先出区后报关等监管创新。第五批主要集中在推动公证"最多跑一次"、优化涉税事项办理程序、海关业务预约平台、生产型出口企业出口退税服务前置、中欧班列集拼集运模式、进境粮食检疫全流程监管等创新制度在全国范围内的复制推广上。第六批主要集中在电力工程审批绿色通道、企业"套餐式"注销服务模式、医疗器械注册人委托生产模式、"融资租赁+汽车出口"业务创新、跨境电商零售进口退货中心仓模式、边检行政许可网上办理、多领域实施包容免罚清单模式、海关公证电子送达系统、商事主体信用修复制度、空铁联运一单制货物运输模式、二手车出口业务新模式、野生动植物进出口行政许可审批事项改革等制度创新(见表2-6)。

表2-6 国务院六批自贸试验区改革试点经验复制推广情况

批次 (时间)	序号	改革事项/实践案例	类型	首发自贸 试验区
第一批 (2014年)	1	外商投资广告企业项目备案制	投资管理	上海
	2	涉税事项网上审批备案		
	3	税务登记号码网上自动赋码		
	4	网上自主办税		
	5	纳税信用管理的网上信用评级		
	6	组织机构代码实时赋码		
	7	企业标准备案管理制度创新		
	8	取消生产许可证委托加工备案		

批次（时间）	序号	改革事项/实践案例	类型	首发自贸试验区
第一批（2014年）	9	全球维修产业检验检疫监管	贸易便利化	上海
	10	中转货物产地来源证管理		
	11	检验检疫通关无纸化		
	12	第三方检验结果采信		
	13	出入境生物材料制品风险管理		
	14	个人其他经常项下人民币结算业务	金融	
	15	外商投资企业外汇资本金意愿结汇		
	16	银行办理大宗商品衍生品柜台交易涉及的结售汇业务		
	17	直接投资项下外汇登记及变更登记下放银行办理		
	18	允许融资租赁公司兼营与主营业务有关的商业保理业务	服务业开放	
	19	允许设立外商投资资信调查公司		
	20	允许设立股份制外资投资性公司		
	21	融资租赁公司设立子公司不设最低注册资本限制		
	22	允许内外资企业从事游戏游艺设备生产和销售，经文化部门内容审核后面向国内市场销售		
	23	从投资者条件、企业设立程序、业务规则、监督管理、违规处罚等方面明确扩大开放行业具体监管要求，完善专业监管制度		
	24	期货保税交割海关监管制度	海关监管制度创新	
	25	境内外维修海关监管制度		
	26	融资租赁海关监管制度		
	27	进口货物预检验	检验检疫制度创新	
	28	分线监督管理制度		
	29	动植物及其产品检疫审批负面清单管理		
	30	企业设立实行"单一窗口"	投资管理	
	31	社会信用体系	事中、事后监管	
	32	信息共享和综合执法制度		
	33	企业年度报告公示和经营异常名录制度		
	34	社会力量参与市场监督制度		
	35	完善专业监管制度		

续表

批次（时间）	序号	改革事项/实践案例	类型	首发自贸试验区
第二批（2015 年）	1	投资管理体制改革"四个一"	投资管理	福建
	2	国际贸易"单一窗口"	贸易便利化	上海
	3	京津冀区域检验检疫一体化新模式		天津
	4	跨境电商监管新模式		广东
	5	以信用风险分类为依托的市场监管制度	事中、事后监管	天津
	6	政府智能化监管服务模式		广东
	7	推进信用信息应用，加强社会诚信管理		上海
第三批（2016 年）	1	负面清单以外领域外商投资企业设立及变更审批改革	投资管理	上海
	2	税控发票领用网上申请		福建
	3	企业简易注销		天津
	4	依托电子口岸公共平台建设国际贸易单一窗口，推进单一窗口免费申报机制	贸易便利化	上海、福建
	5	国际海关经认证的经营者互认制度		上海
	6	出境加工监管		福建
	7	企业协调员制度		上海
	8	原产地签证管理改革创新		福建
	9	国际航行船舶检疫监管新模式		天津、福建
	10	免除低风险动植物检疫证书清单制度		福建
	11	引入中介机构开展保税核查、核销和企业稽查	事中、事后监管	上海
	12	海关企业进出口信用信息公示制度		上海
	13	入境维修产品监管新模式	新业态促进	福建
	14	一次备案，多次使用		上海
	15	委内加工监管		福建
	16	仓储货物按状态分类监管		福建
	17	大宗商品现货保税交易		上海
	18	保税展示交易货物分线监管、预检验和登记核销管理模式		天津、福建
	19	海关特殊监管区域间保税货物流转监管模式		上海

续表

批次（时间）	序号	改革事项/实践案例	类型	首发自贸试验区
	1	船舶证书"三合一"并联办理	投资管理	福建
	2	国际船舶登记制度创新		上海
	3	对外贸易经营者备案和原产地企业备案"两证合一"		福建
	4	低风险生物医药特殊物品行政许可审批改革		上海
	5	一般纳税人登记网上办理		四川
	6	工业产品生产许可证"一企一证"改革		上海
	7	保税燃料油供应服务船舶准入管理新模式	贸易便利化	浙江
	8	先放行、后改单作业模式		福建
	9	铁路运输方式舱单归并新模式		陕西
	10	海运进境集装箱空箱检验检疫便利化措施		上海
	11	入境大宗工业品联动检验检疫新模式		福建
	12	国际航行船舶供水"开放式申报+验证式监管"		福建
	13	进境保税金属矿产品检验监管制度		浙江
	14	外锚地保税燃料油受油船舶"申报无疫放行"制度		浙江
第四批（2018年）	15	跨部门一次性联合检查		广东
	16	扩大内地与港澳合伙型联营律师事务所设立范围	服务业开放	广东
	17	国际船舶运输领域扩大开放		上海
	18	国际船舶管理领域扩大开放		上海
	19	国际船舶代理领域扩大开放		上海
	20	国际海运货物装卸、国际海运集装箱场站和堆场业务扩大开放		上海
	21	企业送达信息共享机制	事中、事后监管	福建
	22	边检服务掌上直通车		福建
	23	简化外锚地保税燃料油加注船舶入出境手续		浙江
	24	国内航行内河船舶进出港管理新模式		广东
	25	外锚地保税燃料油受油船舶便利化海事监管模式		浙江
	26	保税燃料油供油企业信用监管新模式		浙江
	27	海关企业注册及电子口岸入网全程无纸化		河南
	28	海关特殊监管区域"四自一简"监管创新	新业态促进	重庆
	29	先出区、后报关		四川
	30	"保税混矿"监管创新		辽宁

续表

批次（时间）	序号	改革事项/实践案例	类型	首发自贸试验区
第五批（2019 年）	1	公证"最多跑一次"	投资管理	四川
	2	自然人"一人式"税收档案		广东
	3	网上办理跨区域涉税事项		福建
	4	优化涉税事项办理程序，压缩办理时限		辽宁
	5	企业名称自主申报制度		天津
	6	推进合作制公证机构试点		广东
	7	海运危险货物查验信息化，船舶载运危险货物及污染危害性货物合并申报	贸易便利化	福建
	8	国际航行船舶进出境通关全流程"一单多报"		福建、浙江、广东
	9	保税燃料油跨港区供应模式		福建、浙江
	10	海关业务预约平台		福建
	11	生产型出口企业出口退税服务前置		四川
	12	中欧班列集拼集运模式		四川
	13	审批告知承诺制、市场主体自我信用承诺及第三方信用评价三项信用信息公示	事中、事后监管	福建
	14	公共信用信息"三清单"（数据清单、行为清单、应用清单）编制		上海
	15	实施船舶安全检查智能选船机制		辽宁
	16	进境粮食检疫全流程监管		辽宁
	17	优化进口粮食江海联运检疫监管措施		浙江
	18	优化进境保税油检验监管制度		浙江
第六批（2020 年）	1	出版物发行业务许可与网络发行备案联办制度	投资管理	辽宁
	2	绿色船舶修理企业规范管理		浙江
	3	电力工程审批绿色通道		福建
	4	以三维地籍为核心的土地立体化管理模式		广东
	5	不动产登记业务便民模式		广东
	6	增值税小规模纳税人智能辅助申报服务		四川
	7	证照"一口受理、并联办理"审批服务模式		天津
	8	企业"套餐式"注销服务模式		四川
	9	医疗器械注册人委托生产模式		天津

批次（时间）	序号	改革事项/实践案例	类型	首发自贸试验区
第六批（2020年）	10	"融资租赁+汽车出口"业务创新	贸易便利化	天津
	11	飞机行业内加工贸易保税货物便捷调拨监管模式		辽宁
	12	跨境电商零售进口退货中心仓模式		河南
	13	进出口商品智慧申报导航服务		辽宁
	14	冰鲜水产品两段准入监管模式		四川
	15	货物贸易"一保多用"管理模式	金融开放创新	天津、湖北、重庆
	16	边检行政许可网上办理		广东
	17	知识产权证券化		海南
	18	保理公司接入央行企业征信系统		天津
	19	分布式共享模式实现"银政互通"		四川
	20	绿色债务融资工具创新		天津
	21	"委托公证+政府询价+异地处置"财产执行云处置模式	事中事后监管	福建
	22	多领域实施包容免罚清单模式		辽宁
	23	海关公证电子送达系统		福建
	24	商事主体信用修复制度		海南
	25	融资租赁公司风险防控大数据平台		天津
	26	大型机场运行协调新机制		陕西
	27	领事业务"一网通办"	人力资源	海南
	28	直接采认台湾地区部分技能人员职业资格		福建
	29	航空维修产业职称评审		福建
	30	船员远程计算机终端考试		湖北
	31	出入境人员综合服务"一站式"平台		辽宁
	32	空铁联运一单制货物运输模式	新业态促进	四川
	33	二手车出口业务新模式		天津
	34	保税航煤出口质量流量计计量新模式		天津
	35	股权转让登记远程确认服务		湖北
	36	野生动植物进出口行政许可审批事项改革		海南、天津
	37	建设项目水、电、气、暖现场一次联办模式		河南

注：类型为"新业态促进"的，表明该改革事项、实践案例一般在海关特殊监管区域、自贸区或其他特定区域实行，而不是全国范围，故国务院相关通知中没有进行分类，本书根据内容单列了"新业态促进"类别。

资料来源：笔者整理自共计六批的《国务院关于做好自由贸易试验区改革试点经验复制推广工作的通知》。

第三章　自由贸易试验区经济发展水平

在研究自贸试验区发展成效时，自贸试验区整体的经济发展水平是必不可少的组成部分。从可获得的持续公开数据来看，自贸试验区的经济发展水平难以获得公开可比数据。由于自贸试验区打破了传统的行政区划，加之近年来自贸试验历经多轮新设和扩容，难以获得动态可比数据对自贸试验区发展进展进行测度和分析。近年来，遥感数据及方法的普及和运用为本章的研究提供了重要支撑，借鉴学术界在分析小尺度单元经济发展水平时常采用的 Arcgis 方法，本章通过利用和描绘夜间灯光数据反映自贸试验区经济发展水平的变化

本章的主要目标是直观地揭示各自贸试验区自建设以来区域经济发展水平的变化，但显然，经济发展水平的内涵和外延非常广阔，可以包括自贸试验区贸易、投资、产业等多种维度，综合性非常强，难以准确涵盖。为揭示自贸试验区建立后区域经济活动的变化，本章的研究立足夜间灯光遥感图片体现区域经济发展变化。与现有灯光数据的应用和解读相比，区域灯光数据是区域经济发展水平的良好测度工具。在分析过程中同时使用经济活动强度、灯光亮度、经济发展水平三个词，以便在相应的地方实现更准确的表达。

一、数据说明

（一）自由贸易试验片区范围确定

各自贸试验片区范围通过确定片区区域边界经纬度坐标实现①。本书利用 21

---

① 数据处理前期，2020 年扩容的中国（浙江）自贸试验区，其涵盖的金义片区、宁波片区和杭州片区由于存在规划资料数据不全，后续的分析都暂时不包括这三个自贸试验片区。

个省的 64 个片区中各自贸试验片区管理委员会官方发布的片区规划图和片区四至范围，借助百度地图和 Arcgis 软件等工具找出各片区拐点的经纬度坐标，最终圈定自贸试验区的整体经纬度范围，并保证所有片区的模拟面积范围误差控制在 5% 以下。

（二）区域经济活动强度指标选择

区域经济活动强度选用夜间灯光数据衡量。在现代社会中，所有经济活动都会存续于夜间表现，而灯光是夜间表现的显性信息。遥感技术中，卫星的传感器能够探测到夜晚地球的灯光、火光等信息，且经济活动强度越大，夜间表现越强烈，灯光的亮度也会越明显（徐康宁等，2015）[1]，故该数据能够很好地作为人类经济活动的表征。

区域经济活动是一个综合性的、涉及多个领域的复杂指标，传统的经济研究选用人口指标，如城市常住人口、城市户籍人口；经济指标，如城市经济规模、城市财政收入来衡量，这些单一性指标的精确性无法保障。相对 GDP 数据，灯光可最大限度地消除人为因素，更具客观性。目前，国内外主流经济学文献均已采用该数据，研究发现，用卫星灯光数据可以更为准确地揭示一个地区的经济发展水平（Chen and Nordhaus，2011；徐康宁等，2015）[2][3]。此外，夜间灯光是一种遥感数据，遥感的优势在于，能够大范围、长时间地对地表进行观测，不会受到价格等因素的干扰，更具客观性与准确性，因此，很多人认为与社会统计相比，夜间灯光数据更具有可信度，是一个非常实用的数据，比较适合观察一定时期内不同地区的经济活动。

在具体的灯光亮度标准选择上，利用 Annual VNL V2（2012~2020）[4] 提供的年度灯光数据和 NPP/VIIRS 夜间灯光数据（2012~2020 逐月）的数据底图。在 V2 中，是以月为增量合成年度产品，并利用每月的中值来校正异常值（max—min），过滤掉了大部分的火光和背景值，修正了由于阈值范围而导致的某些暗地区灯光特征的丢失，能更有效地对微弱灯光的识别。2012~2020 年，全球 VIIRS 夜光产品系列共有八套，进行分析时主要采用根据每月无云覆盖次数加

[1][3] 徐康宁、陈丰龙、刘修岩. 中国经济增长的真实性：基于全球夜间灯光数据的检验［J］. 经济研究，2015，50（9）：17-29+57.

[2] Chen X, Nordhaus W D. Using luminosity data as a proxy for economic statistics［J］. Proceedings of the National Academy of Sciences, 2011, 108（21）：8589-8594.

[4] 原始数据官方下载地址：https：//eogdata. mines. edu/products/vnl/。国内很多平台也提供对原始数据进行裁剪后保留的中国范围夜间灯光图片资料。

权的月平均辐射率计算的平均辐射率的 2019 年和 2020 年的逐年灯光数据地图和 2013~2021 年的逐月灯光数据地图，基于灯光数据的提取来分析相关年份 64 个自贸试验片区区内的经济活动强度情况。表 3-1 为相关指标的含义及其计算公式。

表 3-1 指标的含义及其计算公式

指标	经济含义	计算公式
平均经济活动强度	一定地理范围内，人们从事物质生产及其相应的交换、分配和消费过程等活动的平均程度	数值上等于夜间灯光中栅格中与输出像元同属一个区域的所有像元的平均值
总经济活动强度	一定地理范围内，人们从事物质生产及其相应的交换、分配和消费过程等活动的总程度	数值上等于夜间灯光中栅格中与输出像元同属一个区域的所有像元的总和
最大经济活动强度	一定地理范围内，人们从事物质生产及其相应的交换、分配和消费过程等活动的最大程度	数值上等于夜间灯光中栅格中与输出像元同属一个区域的所有像元的最大值
最小经济活动强度	一定地理范围内，人们从事物质生产及其相应的交换、分配和消费过程等活动的最小程度	数值上等于夜间灯光中栅格中与输出像元同属一个区域的所有像元的最小值
单位面积经济活动强度	单位面积上人们从事物质生产及其相应的交换、分配和消费过程等活动的程度	区内总经济强度与片区规划面积之比

以云南自贸试验区昆明片区为例，本书的研究立足云南自贸试验区官网上发布的昆明片区规划建设的区界落点图，利用百度地图，采用手工整理标注方式，采集昆明片区四至范围的重要拐点的经纬度坐标数据，导入 Arcgis 软件，连点成线，圈线为面，得到昆明片区边界图。绘制好的片区与规模面积的误差均保持在 5% 以内，很多区域的面积误差为 2%。在标注矢量边界基础上，进一步导入 2020 年夜间灯光数据图层，随后进行灯光数据的提取和分析。

二、数据描述分析

（一）自由贸易试验区内平均经济活动强度

自贸试验区平均灯光亮度是区域平均经济活动强度的直观体现。表 3-2 展示了 2019~2020 年全国自贸试验区 64 个片区平均灯光亮度变化情况。

表3-2 2019~2020年片区平均经济活动强度变化情况

自贸试验片区	2020年区内平均经济活动强度	2019年区内平均经济活动强度
浙江舟山离岛片区	90.63	10.69
上海临港新片区	51.84	51.40
上海保税区片区	50.96	48.68
上海陆家嘴金融片区	48.89	46.78
天津滨海新区中心商务区片区	46.55	49.54
广东深圳前海蛇口片区	43.32	38.88
上海张江高科技片区	41.64	40.49
江苏苏州片区	39.94	39.27
天津机场片区	38.18	36.24
福建厦门片区	38.15	35.10
四川成都天府新区片区	36.77	46.91
上海金桥开发区片区	36.42	39.19
陕西中心片区	35.57	34.52
北京国际商务服务片区	33.97	33.51
云南昆明片区	33.92	39.31
辽宁沈阳片区	30.89	31.10
河南开封片区	30.31	19.87
河南郑州片区	29.55	28.27
广东珠海横琴新区片区	29.15	25.76
广东广州南沙新区片区	27.97	25.79
湖南长沙片区	27.46	25.12
四川成都青白江铁路港片区	27.31	23.09
江苏南京片区	27.19	21.67
安徽合肥片区	26.92	26.25
陕西西安国际港务区片区	26.19	20.53
广西南宁片区	25.79	20.75
黑龙江哈尔滨片区	23.92	20.87
黑龙江黑河片区	23.84	17.39
山东济南片区	23.24	24.85
山东烟台片区	23.24	24.25
辽宁大连片区	22.85	22.37
山东青岛片区	22.62	20.72

续表

自贸试验片区	2020 年区内平均经济活动强度	2019 年区内平均经济活动强度
湖北武汉片区	21.69	20.55
重庆两江片区	21.60	20.47
北京高端产业片区	20.88	19.55
安徽蚌埠片区	20.71	20.59
辽宁营口片区	20.08	19.06
河南洛阳片区	19.55	17.10
云南德宏片区	19.17	23.32
北京科技创新片区	18.47	18.87
浙江舟山岛南部片区	17.42	16.38
福建福州片区	17.41	16.71
陕西杨凌示范区片区	17.17	21.31
天津港片区	15.31	15.91
重庆果园港片区	15.17	13.49
重庆西永片区	14.19	13.31
湖北宜昌片区	13.21	12.34
湖北襄阳片区	13.15	12.74
江苏连云港片区	12.66	12.85
四川川南临港片区	11.69	12.51
安徽芜湖片区	11.32	10.78
河北雄安片区	10.00	2.35
浙江舟山岛北部片区	9.91	18.06
广西钦州港片区	9.42	8.08
河北正定片区	8.42	8.59
黑龙江绥芬河片区	8.29	4.83
河北大兴机场片区	8.12	5.74
湖南岳阳片区	7.12	7.71
福建平潭片区	6.95	5.74
河北曹妃甸片区	6.89	7.14
广西崇左片区	4.97	5.42
湖南郴州片区	4.78	4.56
云南红河片区	1.74	1.78
海南自贸区	0.98	0.90

2020 年，表现最"亮眼"的是浙江自贸试验区舟山离岛片区，平均经济活动强度较 2019 年有较大的提升，河南开封片区、黑龙江黑河片区和河北雄安片区也同样表现出较强的经济活动强度"韧性"。其中，上海自贸试验区继续发挥着区域开放"排头兵"及区域经济活动"领头羊"的强势经济区位优势。其所涵盖的临港新片区、保税区片区（包括上海市外高桥保税区、外高桥保税物流园区、洋山保税港区和上海浦东机场综合保税区）、陆家嘴金融片区、张江高科技片区和金桥开发区片区区内经济活动强度较高，天津滨海新区中心商务区片区和西川成都天府新区片区的经济活动强度也提升明显。

（二）自由贸易试验区内总经济活动强度

全国自贸试验区除了上海、海南、浙江以外，各省份批准建设面积都在 119 平方千米左右，但不同片区的面积存在较大差异。通过区域内总灯光亮度体现区域总经济强度具有较强的经济意义。表 3-3 显示了 2019~2020 年 64 个自贸试验片区通过总灯光亮度体现经济活动总强度的情况。

表 3-3　自贸试验片区区内经济活动总强度情况

批次	自贸试验片区	片区规划面积（平方千米）	所属地区	2019 年		2020 年	
				片区内	所属省市区内	片区内	所属省市区内
第一批	保税区片区	28.78	上海市	7252.6	626898.5	7592.7	614868.9
	金桥开发区片区	20.48	上海市	4271.6	626898.5	3970.1	614868.9
	临港新片区	873.00	上海市	46769.9	626898.5	50756.4	614868.9
	陆家嘴金融片区	34.26	上海市	8560.5	626898.5	8946.7	614868.9
	张江高科技片区	37.20	上海市	8219.2	626898.5	8453.6	614868.9
第二批	珠海横琴新区片区	28.00	珠海市	3889.4	65371.7	4401.1	76546.7
	广州南沙片区	60.00	广州市	7941.8	306094.3	8615.6	328277.3
	深圳前海蛇口片区	27.70	深圳市	5287.2	222802.6	5892.1	241296
	天津港片区	30.00	天津市	2832.3	496165.1	2724.6	504022.7
	天津机场片区	43.10	天津市	9350.8	496165.1	9849.7	504022.7
	滨海新区中心商务片区	46.80	天津市	13376.4	496165.1	12569	504022.7
	福州片区	31.26	福州市	2673.4	171167.9	2786.4	175577.1
	平潭片区	43.00	福州市	1297.8	171167.9	1571.1	175577.1
	厦门片区	43.78	厦门市	7756.7	131048.3	8430.9	134557.4

续表

批次	自贸试验片区	片区规划面积（平方千米）	所属地区	2019 年		2020 年	
				片区内	所属省市区内	片区内	所属省市区内
第三批	大连片区	59.96	大连市	7850.2	162361.5	8019.4	172615.3
	沈阳片区	29.97	沈阳市	6467.8	215541.0	6424.6	215281
	营口片区	29.96	营口市	3431.1	67295.8	3615.0	69326.6
	舟山岛北部片区	15.62	舟山市	1516.7	48150.7	832.7	52016.5
	舟山离岛片区	78.98	舟山市	4854.7	48150.7	41146.7	52016.5
	舟山岛南部片区	25.35	舟山市	2162.6	48150.7	2299.9	52016.5
	开封片区	19.94	开封市	2225.3	53248.6	3394.7	55874.0
	洛阳片区	26.66	洛阳市	2564.6	88961.3	2931.9	99944.4
	郑州片区	73.17	郑州市	12695.2	217734.1	13269.4	226002.9
	武汉片区	70.00	武汉市	7992.4	233779.5	8437.9	253555.5
	襄阳片区	21.99	襄阳市	1618.2	38932.7	1669.7	44551.9
	宜昌片区	27.97	宜昌市	1813.3	40912.7	1942.2	43219.5
	两江片区	66.29	重庆市	7327.7	307922.8	7733.6	319944.8
	果园港片区	30.88	重庆市	2252.2	307922.8	2534.2	319944.8
	西永片区	22.81	重庆市	1716.6	307922.8	1831.1	319944.8
	川南临港片区	19.99	泸州市	1300.9	22308.1	1215.5	23852.3
	青白江铁路港片区	9.68	成都市	1339.2	346967.2	1584.0	299891.2
	成都天府新区片区	90.32	成都市	23641.4	346967.2	18529.7	299891.2
	西安国际港务区片区	26.43	西安市	3059.3	221627.2	3902.0	226207.5
	杨凌示范区片区	5.76	咸阳市	852.2	83225.3	686.9	88801.9
	陕西中心片区	87.76	西安市	17465.4	221627.2	17998.9	226207.5
第四批	海南自贸区	35400.00	海南省	154863.7	154863.7	168108.7	168108.7
第五批	青岛片区	52.00	青岛市	11482.7	239666.2	12341.0	250343.7
	济南片区	37.99	济南市	5341.9	168137.2	4996.3	175954.3
	烟台片区	29.99	烟台市	4341.3	141130.5	4543.7	155974.5
	连云港片区	20.27	连云港市	1439.1	86171.5	1418.3	92446.7
	南京片区	39.55	南京市	4962.1	230057.7	6226.8	253814.7
	苏州片区	60.15	苏州市	13430.9	495448.0	13659.3	515814.4
	崇左片区	15.00	崇左市	411.9	18212.1	377.4	20385.5
	南宁片区	46.80	南宁市	4814.2	112257.9	5982.7	124056.4

续表

批次	自贸试验片区	片区规划面积（平方千米）	所属地区	2019 年		2020 年	
				片区内	所属省市区内	片区内	所属省市区内
第五批	钦州港片区	58.19	钦州市	2318.9	28282.4	2703.1	29940.5
	曹妃甸片区	33.48	唐山市	1428.4	199654.9	1378.5	213171.6
	大兴机场片区	19.96	廊坊市	722.6	118347.5	1023.2	135762.1
	雄安片区	33.23	保定市	487.3	139494.7	2069.2	170095.0
	正定片区	33.29	石家庄市	1624.3	153810.0	1590.5	156611.7
	德宏片区	29.74	德宏自治州	3545.2	15679.5	2913.5	14956.5
	红河片区	14.12	红河自治州	135.3	42120.3	132.1	40436.6
	昆明片区	76.00	昆明市	15763.2	173542.3	13603.8	159032.9
	哈尔滨片区	79.86	哈尔滨市	10787.6	184911.2	12364.7	198082.7
	黑河片区	20.00	黑河市	2329.7	21455.3	3194.5	24838.6
	绥芬河片区	19.99	牡丹江市	613.2	37494.3	1052.7	44145.2
第六批	岳阳片区	19.94	岳阳市	855.7	34462.3	790.2	32638.3
	郴州片区	19.84	郴州市	460.8	21471.6	482.4	20580.7
	长沙片区	79.98	长沙市	10952.2	146216.9	11971.4	144362.1
	国际商务服务片区	48.34	北京市	10856.3	525469.0	11004.6	543664.7
	科技创新片区	31.85	北京市	3962.4	525469.0	3878.6	543664.7
	高端产业片区	38.19	北京市	4574.4	525469.0	4885.0	543664.7
	蚌埠片区	19.91	蚌埠市	2409.3	44941.8	2423.6	48019.5
	合肥片区	64.95	合肥市	9501.6	187747.1	9744.8	204836.6
	芜湖片区	35.00	芜湖市	2124.1	64177.2	2231.0	61624.1

资料来源：笔者根据相关自贸试验片区门户网站整理。

1. 自贸试验区总经济强度

通过总灯光亮度可以直观体现经济活动总强度，是自贸试验片区规划面积大小、经济活跃程度等因素的综合体现，可以较好体现片区的经济总量及影响水平。

在上述分析基础上，进一步对片区所属省市区域内部经济活动总强度进行汇总，如表3-4所示。全国64个片区分布于216个省份的49个不同城市中。2019~2020年，上海、北京、天津、苏州、成都、重庆、广州、青岛、武汉和南京市连续两年成为区域内经济活动强度前十名的城市。上海市和北京市稳居第

一、第二的位置，但总值较 2019 年均有下降；天津市和苏州市的区域内部经济活动强度均略有上升。

表 3-4　自贸试验片区所属地区区域内总经济活动强度

地区	片区所属市级面积（平方千米）	2020 年总体经济活动强度	2019 年总体经济活动强度
上海市	6340.00	614868.9	626898.5
北京市	16410.54	543664.7	525469.0
苏州市	8657.32	515814.4	495448.0
天津市	11966.45	504022.7	496165.1
广州市	7434.40	328277.3	306094.3
重庆市	82370.00	319944.8	307922.8
成都市	12390.00	299891.2	346967.2
南京市	6587.02	253814.7	230057.7
武汉市	8494.41	253555.5	233779.5
青岛市	11293.00	250343.7	239666.2
深圳市	1997.47	241296.0	222802.6
西安市	10752.00	226207.5	221627.2
郑州市	7446.00	226002.9	217734.1
沈阳市	12860.00	215281.0	215541.0
唐山市	13472.00	213171.6	199654.9
合肥市	11445.00	204836.6	187747.1
哈尔滨市	53100.00	198082.7	184911.2
济南市	10244.45	175954.3	168137.2
福州市	11968.00	175577.1	171167.9
大连市	12574.00	172615.3	162361.5
保定市	22135.00	170095.0	139494.7
全岛	35400.00	168108.7	154863.7
昆明市	21012.54	159032.9	173542.3
石家庄市	15848.00	156611.7	153810.0
烟台市	13864.50	155974.5	141130.5
长沙市	11819.00	144362.1	146216.9
廊坊市	6429.00	135762.1	118347.5
厦门市	1700.61	134557.4	131048.3

地区	片区所属市级面积（平方千米）	2020年总体经济活动强度	2019年总体经济活动强度
南宁市	22100.00	124056.4	112257.9
洛阳市	15200.00	99944.4	88961.3
连云港市	7444.00	92446.7	86171.5
咸阳市	10196.00	88801.9	83225.3
珠海市	1736.45	76546.7	65371.7
营口市	5427.00	69326.6	67295.8
芜湖市	5988.00	61624.1	64177.2
开封市	6444.00	55874.2	53248.6
舟山市	22200.00	52016.5	48150.7
蚌埠市	5951.00	48019.5	44941.8
襄阳市	19700.00	44551.9	38932.7
牡丹江市	40600.00	44145.2	37494.3
宜昌市	21000.00	43219.5	40912.7
红河自治州	32931.00	40436.6	42120.3
岳阳市	15019.20	32638.3	34462.3
钦州市	10897.00	29940.5	28282.4
黑河市	68726.00	24838.6	21455.3
泸州市	12236.20	23852.3	22308.1
郴州市	19400.00	20580.7	21471.6
崇左市	17300.00	20385.5	18212.1
德宏自治州	11526.00	14956.5	15679.5

　　进一步，将区域内总经济活动情况锁定在自贸试验片区所在的区域范围，如表3-4所示，2019~2020年，仅上海市的临港新片区、天津市的滨海新区中心商务片区、成都市的天府新区片区和苏州市的苏州片区依旧处于片区区内经济活动强度前十位置。青岛市的青岛片区仅在2019年挤进前十，处于第九名。

　　海南自贸试验区其覆盖范围为海南岛全岛，规划面积总计3.54万平方千米。与中国早期设立的17个自贸试验区存在较大差异。其他17个自贸区都是120平方千米左右，海南自贸试验区是其他17个自贸试验区面积总和的17倍。因此，海南省的海南自由贸易港以其绝对的面积优势稳居高位；苏州市的苏州片区和郑州市的郑州片区两年中位置次序不变，昆明市的昆明片区区内经济活动总强度在

2019、2020 两年都进入前十的行列。

在自贸试验区片区内总体经济活动强度占片区所属省市区内总体经济活动强度的比值方面，2019~2020 年所有自贸试验区片区中，除去海南自由贸易港，云南德宏片区、黑龙江黑河片区和浙江舟山离岛片区的区内总体经济强度在片区所属省市区内总体经济活动强度较高，2019 年三个片区比重分别为 22.61%、10.86% 和 10.08%；2020 年占比略微变化，德宏片区占比下降，黑河片区和舟山离岛片区占比上升，舟山离岛片区比重上升近 70 个百分点。2020 年，云南自贸试验区昆明片区区内总体经济强度在昆明市中的占比在广西钦州港片区和湖南长沙片区之间，占比为 8.55%（见表 3-5）。

表 3-5　自贸试验片区区域内总经济活动强度占市级总经济强度的比例

自贸试验片区	2019 年	2020 年
海南自贸区	100.00	100.00
上海临港新片区	7.46	8.25
浙江舟山离岛片区	10.08	79.10
四川成都天府新区片区	6.81	6.18
陕西中心片区	7.88	7.96
江苏苏州片区	2.71	2.65
云南昆明片区	9.08	8.55
河南郑州片区	5.83	5.87
天津滨海新区中心商务区片区	2.70	2.49
黑龙江哈尔滨片区	5.83	6.24
山东青岛片区	4.79	4.93
湖南长沙片区	7.49	8.29
北京国际商务服务片区	2.07	2.02
天津机场片区	1.88	1.95
安徽合肥片区	5.06	4.76
上海陆家嘴金融片区	1.37	1.46
广东广州南沙新区片区	2.59	2.62
上海张江高科技片区	1.31	1.37
湖北武汉片区	3.42	3.33
福建厦门片区	5.92	6.27
辽宁大连片区	4.84	4.65

续表

自贸试验片区	2019 年	2020 年
重庆两江片区	2.38	2.42
上海保税区片区	1.16	1.23
辽宁沈阳片区	3.00	2.98
江苏南京片区	2.16	2.45
广西南宁片区	4.29	4.82
广东深圳前海蛇口片区	2.37	2.44
山东济南片区	3.18	2.84
北京高端产业片区	0.87	0.90
山东烟台片区	3.08	2.91
广东珠海横琴新区片区	5.95	5.75
上海金桥开发区片区	0.68	0.65
陕西西安国际港务区片区	1.38	1.72
北京科技创新片区	0.75	0.71
辽宁营口片区	5.10	5.21
河南开封片区	4.18	6.08
黑龙江黑河片区	10.86	12.86
河南洛阳片区	2.88	2.93
云南德宏片区	22.61	19.48
福建福州片区	1.56	1.59
天津港片区	0.57	0.54
广西钦州港片区	8.20	9.03
重庆果园港片区	0.73	0.79
安徽蚌埠片区	5.36	5.05
浙江舟山岛南部片区	4.49	4.42
安徽芜湖片区	3.31	3.62
河北雄安片区	0.35	1.22
湖北宜昌片区	4.43	4.49
重庆西永片区	0.56	0.57
湖北襄阳片区	4.16	3.75
河北正定片区	1.06	1.02
四川成都青白江铁路港片区	0.39	0.53
福建平潭片区	0.76	0.89

续表

自贸试验片区	2019 年	2020 年
江苏连云港片区	1.67	1.53
河北曹妃甸片区	0.72	0.65
四川川南临港片区	5.83	5.10
黑龙江绥芬河片区	1.64	2.38
河北大兴机场片区	0.61	0.75
浙江舟山岛北部片区	3.15	1.60
湖南岳阳片区	2.48	2.42
陕西杨凌示范区片区	1.02	0.77
湖南郴州片区	2.15	2.34
广西崇左片区	2.26	1.85
云南红河片区	0.32	0.33

2. 自贸试验区单位国土面积经济活动强度

考虑片区规划面积因素所得到的总灯光数值分布于五个范围区间，并有重心靠左的分布特征。表 3-6 为利用 2019～2020 年片区区内总灯光值除以片区的规划面积，得到的单位面积下片区区内总体经济活动强度情况表。进一步绘制两年中 64 片区单位面积的区内经济活动数值分布情况，2019 年和 2020 年，区内经济活动强度（单位面积灯光亮度值）普遍处于 120 以下（见图 3-1）；2019 年，上海陆家嘴金融片区和保税区片区、四川成都天府新区片区和天津滨海新区中心商务片区的单位面积灯光值大于 230。

表 3-6　2019～2020 年自贸试验片区单位面积内经济活动强弱情况

省份	自贸试验片区	单位面积区内经济活动强度	
		2019 年	2020 年
上海	保税区片区	252.00	263.82
	金桥开发区片区	208.58	193.85
	临港新片区	53.57	58.14
	陆家嘴金融片区	249.87	261.14
	张江高科技片区	220.95	227.25

续表

省份	自贸试验片区	单位面积区内经济活动强度	
		2019 年	2020 年
广东	珠海横琴新区片区	138.91	157.18
	广州南沙新区片区	132.36	143.59
	深圳前海蛇口片区	190.88	212.71
天津	天津港片区	94.41	90.82
	天津机场片区	216.96	228.53
	滨海新区中心商务片区	285.82	268.57
福建	福州片区	85.52	89.14
	平潭片区	30.18	36.54
	厦门片区	177.17	192.57
辽宁	大连片区	130.92	133.75
	沈阳片区	215.81	214.37
	营口片区	114.52	120.66
浙江	舟山岛北部片区	97.10	53.31
	舟山离岛片区	61.47	520.98
	舟山岛南部片区	85.31	90.73
河南	开封片区	111.60	170.24
	洛阳片区	96.20	109.97
	郑州片区	173.50	181.35
湖北	武汉片区	114.18	120.54
	襄阳片区	73.59	75.93
	宜昌片区	64.83	69.44
重庆	两江片区	110.54	116.66
	果园港片区	72.94	82.07
	西永片区	75.26	80.28
四川	川南临港片区	65.08	60.81
	成都青白江铁路港片区	138.35	163.64
	成都天府新区片区	261.75	205.16
陕西	西安国际港务区片区	115.75	147.64
	杨凌示范区片区	147.95	119.25
	中心片区	199.01	205.09
海南	海南自贸区	4.37	4.75

续表

省份	自贸试验片区	单位面积区内经济活动强度	
		2019 年	2020 年
山东	青岛片区	220.82	237.33
	济南片区	140.61	131.52
	烟台片区	144.76	151.51
江苏	连云港片区	71.00	69.97
	南京片区	125.46	157.44
	苏州片区	223.29	227.09
广西	崇左片区	27.46	25.16
	南宁片区	102.87	127.84
	钦州港片区	39.85	46.45
河北	曹妃甸片区	42.66	41.17
	大兴机场片区	36.20	51.26
	雄安片区	14.66	62.27
	正定片区	48.79	47.78
云南	德宏片区	119.21	97.97
	红河片区	9.58	9.35
	昆明片区	207.41	179.00
黑龙江	哈尔滨片区	135.08	154.83
	黑河片区	116.49	159.73
	绥芬河片区	30.67	52.66
湖南	岳阳片区	42.91	39.63
	郴州片区	23.23	24.31
	长沙片区	136.94	149.68
北京	国际商务服务片区	224.58	227.66
	科技创新片区	124.41	121.78
	高端产业片区	119.78	127.91
安徽	蚌埠片区	121.01	121.73
	合肥片区	146.29	150.04
	芜湖片区	60.69	63.74

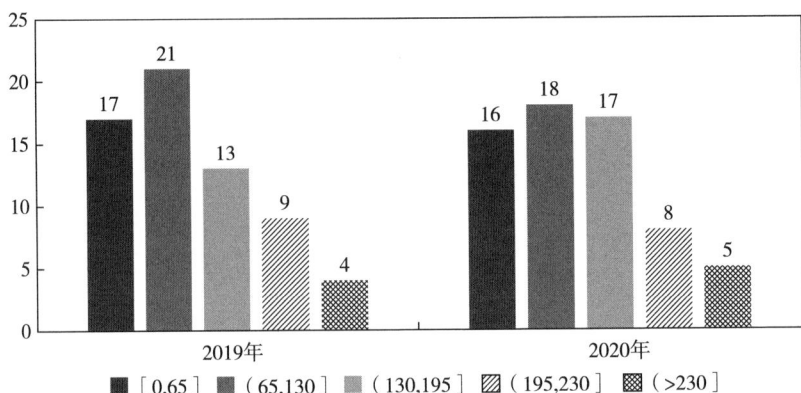

图 3-1 2019~2020 年片区区内总灯光占比规划面积分布情况

（三）自由贸易试验区设立前后一年区内经济强度变化

利用 Annual VNL V2（2012—2021.7）NPP/VIIRS 夜间灯光数据（2012—2020 逐月）提供的逐月灯光数据底图，本书首先将自贸试验区所涵盖的片区通过 Arcgis 软件进行地理上的融合处理，将各省区市自贸试验区作为整体来分析，其次分别提取出自贸试验区挂牌设立及设立一年后的区内总灯光亮度值和平均灯光亮度值，以此反映自贸试验区挂牌设立及设立一周年后区内经济活动变化情况，结果如表 3-7 所示。①

表 3-7 自贸试验区挂牌设立及设立一周年区内经济活动强度比较

批次	自贸试验区	区内总经济活动强度	区内平均经济活动强度	增长率（%）
第一批	上海自贸试验区	71866.63	13.74	-1.75
		70609.85	13.50	
第二批	广东自贸试验区	15332.68	25.77	-6.17
		14386.12	24.18	
	天津自贸试验区	22542.39	31.93	4.66
		23592.09	33.42	
	福建自贸试验区	11594.65	19.10	-11.94
		10209.84	16.82	

---

① 片区成立时间为管委会官方发布的挂牌时间对应月份为准，挂牌时间超过半月的选取对应下月 Annual VNL V2（2012—2021.7）提供的逐月灯光数据底图提取片区区内的灯光值；挂牌一周年的区内经济活动情况为下一年对应月份。由于提供的灯光数据底图只更新至 2021 年 7 月，第六批次新设立的自贸试验片区挂牌时间为 2020 年 9 月 21 日，缺失的 2021 年 10 月的片区灯光亮度值通过对应前 9 个月的平均灯光亮度值乘以平均增长率得到。

续表

批次	自贸试验区	区内总经济活动强度	区内平均经济活动强度	增长率（%）
第三批	辽宁自贸试验区	15374.53	20.80	1.75
		15644.03	21.17	
	浙江自贸试验区	2985.86	4.46	8.00
		3224.70	4.81	
	河南自贸试验区	16827.23	23.67	−3.17
		16293.37	22.92	
	湖北自贸试验区	8566.06	12.90	15.99
		9935.60	14.96	
	重庆自贸试验区	9513.00	14.55	19.45
		11365.71	17.38	
	四川自贸试验区	19884.03	29.86	30.00
		25848.30	38.81	
	陕西自贸试验区	16133.85	23.21	17.74
		18995.59	27.33	
第四批	海南自贸试验区	232905.00	1.27	3.72
		241566.30	1.31	
第五批	山东自贸试验区	21695.34	31.13	2.28
		22189.43	31.84	
	江苏自贸试验区	19727.54	28.88	6.32
		20975.16	30.71	
	广西自贸试验区	9269.29	15.58	−22.72
		7163.61	12.04	
	河北自贸试验区	4675.91	5.99	58.01
		7388.44	9.47	
	云南自贸试验区	17127.93	27.23	−50.02
		8561.30	13.61	
	黑龙江自贸试验区	11651.87	14.98	6.49
		12408.30	15.95	

续表

批次	自贸试验区	区内总经济活动强度	区内平均经济活动强度	增长率（%）
第六批	湖南自贸试验区	11571.48	17.86	70.18
		19693.11	30.39	
	北京自贸试验区	21203.25	27.61	4.11
		22072.20	28.74	
	安徽自贸试验区	15565.54	23.03	4.95
		16336.48	24.17	

第一批挂牌设立的上海自贸试验区整体区内经济活动强度下降约 1.75 个百分点。第二批设立的 3 个自贸试验区中，仅天津自贸试验区设立一周年的区内经济活动强度较设立之初强度上升，增长约 4.66%。第三批自贸试验区中，仅河南自贸试验区区内经济活动强度下降；重庆自贸试验区是同批次自贸试验区中前后一年区内经济强度变化程度最大的试验区，增长约 19.45%；海南自贸试验区设立一周年后的区内经济活动强度也有所上升。第五批增设的自贸试验区中，3 个沿边自贸试验区中的黑龙江自贸试验区区内经济活动强度上升 6.49%。

（四）自由贸易试验片区间经济活动强度比较

1. 沿边自贸试验区

中国第五批设立的 6 个自贸试验区分别落在山东、江苏、广西、河北、云南、黑龙江。广西、黑龙江、云南自贸试验区是首次在沿边地区设立的自贸区。此次自贸试验区一半设立在沿边，说明了中国的扩大开放不仅是以广东、上海等经济中心区域及沿海地区为主，而且具有更深层次和更宽领域，还体现着中国对外开放的高度自信和全面开放的新时代特征。

图 3-2 显示了 2019～2020 年第五批增设的自贸试验区中，沿边自贸试验片区区内以平均灯光亮度值衡量的经济活动强度大小。2019～2020 年，云南自贸试验区昆明片区，在沿边 9 个自贸试验片区中区内经济活动表现最强；黑龙江自贸试验区涵盖的哈尔滨片区和黑河片区，以及广西自贸试验区涵盖的南宁片区表现较好，2019 年绥芬河片区和崇左片区灯光数值接近，2020 年绥芬河片区和钦州港片区区内经济活动强度接近，2020 年黑龙江和广西自贸试验区区内经济强度较 2019 年都略有上升。

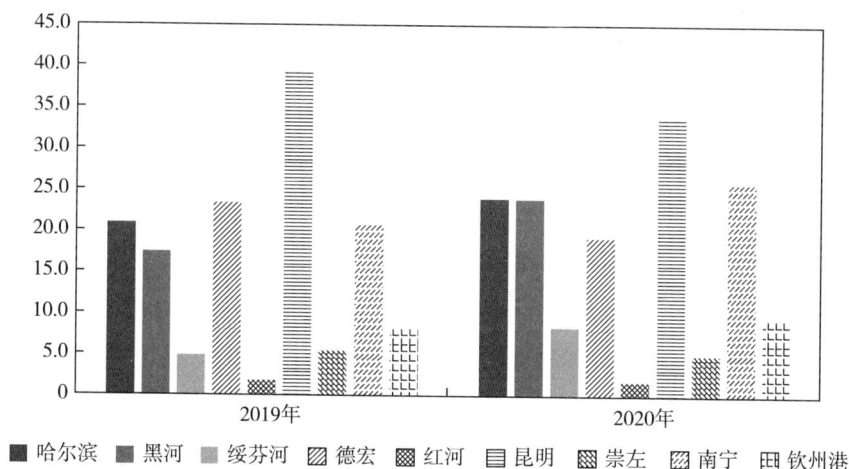

图3-2　2019~2020年沿边自贸试验片区区内平均经济活动强度情况

2. 沿海自贸试验区

为推进我国区域海洋经济的高质量发展，2018年，中华人民共和国国家发展和改革委员会、中华人民共和国自然资源部发布了《关于建设海洋经济示范区的通知》，制定了海洋经济发展示范区建设规划。2019年，我国更是在山东、江苏等6个省份设立了自由贸易示范区，至此，中国沿海地区都已设立了自贸试验区，形成了"1+3+7+1+6"的格局，为沿海地区海洋经济高质量发展提供了保障。

根据"中国沿海地区海洋强省发展水平分析"课题组发布的《中国海洋经济发展报告（2019~2020）》，本书对2001~2019年沿海地区海洋强省发展水平进行测评汇总，进而根据2015~2019年海洋强省发展水平，通过聚类分析可以将这些地区分为三个梯队：第一梯队包括广东、山东、上海；第二梯度包括福建、天津、浙江、江苏、辽宁；第三梯队包括海南、河北、广西。

将沿海11省份所涵盖的自贸试验片区分别进行地理上的融合处理得到各省份整体的自贸试验区范围图，再提取2016~2020年灯光数据，得到沿海自贸试验区区内平均灯光强度，以此作为依据最终得到11个沿海自贸试验区2016~2020年的区内平均经济活动强度，如表3-8所示。天津自贸试验区整体区内经济活动在5年中表现最好，是沿海11个自贸试验区中区内经济活动强度最高的区域。

表3-8　沿海自贸试验区区内经济活动强度

年份	天津	河北	辽宁	山东	江苏	上海	浙江	福建	广东	广西	海南
2016	33.2	2.9	20.6	24.8	25.3	12.3	3.3	16.3	26.9	8.7	0.8
2017	34.6	3.6	22.4	27.4	27.5	13.7	3.8	20.2	30.0	8.8	0.9
2018	36.6	4.3	21.4	30.5	28.6	14.1	8.2	19.2	30.2	11.2	1.0
2019	36.2	5.6	24.0	30.5	29.0	14.3	12.7	19.3	28.8	12.7	1.0
2020	35.6	8.2	24.4	31.5	31.2	15.2	66.1	21.1	31.8	15.2	1.1

3. 西部自贸试验区

以成渝城市群为先导，西部地区9大城市群中已有6个城市群的发展规划处于实施阶段。随着"十四五"的全面开启，特别是《成渝地区双城经济圈建设规划纲要》《成都都市圈发展规划》《西安都市圈发展规划》等一大批国家规划的出台，再到《滇中城市群发展规划》，加上推动国内大循环、建立全国统一大市场等政策的加持，我国西部地区迎来发展新机遇。

我国的西部地区包括内蒙古、广西、重庆、四川、贵州、云南、西藏、陕西、甘肃、青海、宁夏和新疆12省份，其中有5个省份建立了自贸试验区。表3-9展示了2019~2020年5个西部自贸试验区所涵盖片区区内的经济活动情况，包括自贸试验片区区内的总经济、平均经济、最大经济和最小经济活动情况。

广西崇左片区、陕西杨凌示范区片区、四川川南临港和成都天府新区片区2020年的区内经济活动总强度和平均强度都较2019年有所下降，而仅重庆自贸试验区区内经济活动强度不降反升。

自贸试验片区所属城市为省会城市的区内经济活动普遍较其他片区更高。广西南宁片区、陕西国际港务和中心片区、四川成都青白江铁路和成都天府新区片区、云南昆明片区和重庆两江片区2019~2020年区内的平均经济活动强度都较本试验区所涵盖的其他片区更高，片区所属的城市均为该省份的省会城市，说明省会城市的经济基础对自贸试验片区区内的经济活动强度具有一定的正向影响。

陕西中心片区、四川成都天府新区片区和重庆两江片区2019~2020年的区内最大经济活动强度已达到三位数，这与现在国家构建推动西部地区高质量发展的3个主中心城市——重庆、成都、西安的政策有关。也有学者研究发现，西部地区有三大区域，无论是亮度还是灯光范围，都是最突出的，形成了"三足鼎立"的发展格局，就是由重庆、成都、西安及周边城市共同构成的三大区域。

表 3-9 2019~2020 年西部 5 省份自贸试验片区区内经济活动情况

省份	自贸试验片区	年份	总经济活动强度	平均经济活动强度	最大经济活动强度	最小经济活动强度
广西	崇左片区	2019	411.89	5.42	27.06	0.00
		2020	377.37	4.97	26.18	0.00
	南宁片区	2019	4814.25	20.75	54.11	4.14
		2020	5982.71	25.79	66.18	3.59
	钦州港片区	2019	2318.94	8.08	83.69	0.00
		2020	2703.05	9.42	54.00	0.00
陕西	西安国际港务区片区	2019	3059.27	20.53	58.36	5.97
		2020	3902.02	26.19	64.44	8.39
	杨凌示范区片区	2019	852.22	21.31	41.40	11.18
		2020	686.89	17.17	27.57	9.22
	中心片区	2019	17465.38	34.52	210.85	6.82
		2020	17998.87	35.57	187.78	7.44
四川	川南临港片区	2019	1300.88	12.51	31.10	1.80
		2020	1215.55	11.69	26.84	2.13
	青白江铁路港片区	2019	1339.21	23.09	43.45	10.66
		2020	1584.01	27.31	49.09	11.33
	成都天府新区	2019	23641.41	46.91	341.90	4.62
		2020	18529.73	36.77	230.30	5.67
云南	德宏片区	2019	3545.23	23.32	51.44	1.33
		2020	2913.52	19.17	38.00	1.46
	红河片区	2019	135.32	1.78	6.33	0.00
		2020	132.07	1.74	8.16	0.00
	昆明片区	2019	15763.16	39.31	111.59	8.09
		2020	13603.78	33.92	65.72	8.77
重庆	两江片区	2019	7327.71	20.47	127.93	0.00
		2020	7733.57	21.60	138.32	0.00
	果园港片区	2019	2252.25	13.49	41.87	2.16
		2020	2534.21	15.17	47.15	2.87
	西永片区	2019	1716.58	13.31	60.03	2.86
		2020	1831.10	14.19	61.25	3.64

　　四川省作为西部经济的领头羊，一直以来在全国经济发展中也占据着重要的位置，新时代四川经济对西部地区的引领作用愈加明显，2020 年，四川省地区生产总值实现 48598.8 亿元①。四川是西部资源和产业大省。2020 年，全省耕地面积 10084.2 万亩，居西部第 1 位②。四川还是西部投资和金融大省。全社会固定资产投资、金融机构数量、金融业总资产均居西部第 1 位。成都还是中西部地区金融机构种类最齐全、数量最多、金融市场发展速度最快的城市。

　　如图 3-3 所示，2016~2020 年四川自贸试验区区内平均经济活动强度呈现整体上升的趋势，在 2017 年和 2020 年略有下降。成都天府新区片区区内总经济活动强度、平均经济活动强度和最大经济活动强度在 5 年间表现良好（见表 3-10）。③

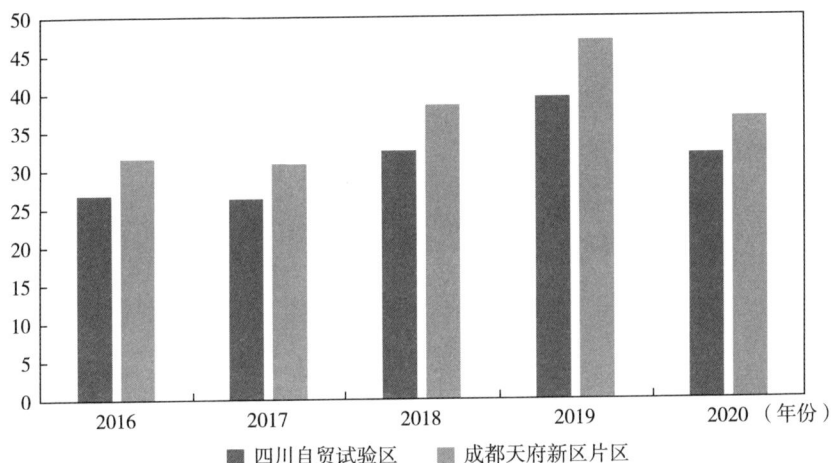

图 3-3　2016~2020 年四川自贸试验区平均经济活动强度情况

表 3-10　成都天府新区片区区内经济活动强度情况

年份 \ 强度	总值	平均值	最大值	最小值
2016	15909.960	31.56737	271.4218	0
2017	15540.520	30.83438	231.0973	3.975132
2018	19381.890	38.45612	306.4525	4.35719
2019	23641.408	46.90756	341.899	4.624391
2020	18529.729	36.76534	230.2992	5.673157

①②　四川省人民政府网站 https：//www.sc.gov.cn/
③　四川省统计局. 四川统计年鉴 2018［M］. 北京：中国统计出版社，2018.

第四章　自由贸易试验区市场主体

市场主体是自贸试验区发展的基础，是产业转型升级的主导力量。要建好自贸试验区，就必须培育好、发展好、规范好各类市场主体，为产业升级、建设现代化产业体系提供有力支撑。本章基于中国工商企业注册登记数据库，利用企业登记注册匹配出企业的经纬度，并根据各自贸试验片区的规划四至建设范围，统计出各自贸试验区的市场主体的数量及行业分布，从而反映各试验区市场主体的发展进展及成效。

一、数据处理说明

本章展开分析的重要基础工作是根据各自贸试验区官方的资料，在严格控制误差的基础上，使用地图软件绘制出自贸试验区的经纬度范围，将微观企业数据与宏观自贸试验区信息相匹配。各地自贸试验片区范围，主要通过确定片区区域边界经纬度坐标实现。本章利用 21 个省份 64 个片区的各自贸试验片区管理委员会官方发布的片区规划图和片区四至范围，借助百度地图和 Arcgis 软件等工具找出各片区拐点的经纬度坐标，最终以圈定自贸试验区的整体经纬度范围，并保证所有片区的模拟面积范围误差控制在 5% 以下。基于最新的全国企业和个体工商户 Mysql 数据库，借助数据筛选工具筛选并导入 Arcgis 筛选出划定片区内的各类企业和个体户数据。

二、市场主体整体情况

企业的数量和密度是测度自贸试验区市场主体规模和水平的重要指标。其中，企业数量可以反映自贸试验区的企业总量，单位国土面积的企业密集度可以反映自贸试验区的企业活力和发展水平，是区域发展能力、营商环境的综合体现（见表4-1）。

表4-1　自贸试验片区企业数量及密度

自贸试验片区	企业数量（家）	企业密度（个/平方千米）
四川成都青白江铁路港区片区	24394	2520.04
北京国际商务服务片区	73863	1527.99
山东济南片区	57768	1520.61
河南郑州片区	91910	1256.12
上海保税区片区	33448	1162.20
云南昆明片区	82841	1062.61
重庆两江片区	62457	942.18
陕西中心片区	80922	922.08
湖北武汉片区	62135	887.64
北京科技创新片区	28018	879.69
天津滨海新区中心商务区片区	40396	863.16
辽宁大连片区	40168	669.91
江苏苏州片区	40205	668.41
安徽合肥片区	43327	667.08
北京高端产业片区	25176	659.23
山东烟台片区	19244	641.68
福建福州片区	19873	635.73
天津机场片区	26959	625.50
天津港东疆片区	18254	608.47
广西南宁片区	23072	492.99
广东深圳前海蛇口片区	13063	471.59

续表

自贸试验片区	企业数量（家）	企业密度（个/平方千米）
山东青岛片区	23944	460.46
四川川南临港片区	7638	382.09
广东广州南沙新区片区	22684	378.07
湖北宜昌片区	10481	374.72
河南洛阳片区	9571	359.00
四川成都天府新区片区	29879	330.81
广西钦州港片区	18925	325.23
上海陆家嘴金融片区	10898	318.10
陕西西安国际港务区片区	7900	298.90
江苏南京片区	11348	286.93
黑龙江哈尔滨片区	19156	239.87
重庆西永片区	5399	236.69
湖南长沙片区	18668	233.41
广东珠海横琴新区片区	6212	221.86
陕西杨凌示范区片区	1215	210.94
浙江舟山岛南部片区	5304	209.23
辽宁营口片区	6092	203.34
福建平潭片区	8386	195.02
云南德宏片区	5713	192.10
广西崇左片区	2763	184.20
黑龙江绥芬河片区	3493	174.74
上海临港新片区	152071	174.19
浙江舟山岛北部片区	2717	173.94
上海张江高科技片区	6426	172.74
湖南郴州片区	3208	161.69
河北曹妃甸片区	4704	140.50
黑龙江黑河片区	2795	139.75
云南红河片区	1927	136.47
安徽芜湖片区	4649	132.83
上海金桥开发区片区	2695	131.59
福建厦门片区	5500	125.63
安徽蚌埠片区	2267	113.86

续表

自贸试验片区	企业数量（家）	企业密度（个/平方千米）
辽宁沈阳片区	2839	94.73
湖北襄阳片区	1823	82.90
河北正定片区	2636	79.18
江苏连云港片区	1309	64.58
河南开封片区	1048	52.56
重庆果园港片区	1121	36.30
河北雄安片区	1168	35.15
湖南岳阳片区	626	31.39
河北大兴机场片区	524	26.25
海南自贸区	473011	13.36
浙江舟山离岛片区	43	0.54

注：由于数据资料缺失，未统计浙江省2020年扩容新增片区。

除了企业以外，个体工商户也是自贸试验区非常重要的组成部分，是经济活力中的指标，但由于不同自贸试验片区功能定位、主导产业的差异，个体工商户数量及密度的可比性会略弱于企业数据（见表4-2）。

表4-2　自贸试验片区个体工商户数量及密度

自贸试验片区	个体工商户数量（家）	个体经济密度（个/平方千米）
四川成都青白江铁路港区片区	17918	1851.03
云南昆明片区	106289	1363.38
陕西中心片区	105720	1204.65
重庆两江片区	51004	769.41
云南德宏片区	21551	724.65
湖北宜昌片区	15390	550.23
广西崇左片区	7887	525.80
山东济南片区	19818	521.66
福建平潭片区	22058	512.98
云南红河片区	6444	456.37
黑龙江绥芬河片区	8900	445.22
四川川南临港片区	8585	429.46

续表

自贸试验片区	个体工商户数量（家）	个体经济密度（个/平方千米）
天津滨海新区中心商务区片区	20022	427.82
山东烟台片区	12625	420.97
湖南长沙片区	29290	366.22
江苏南京片区	13705	346.52
河南郑州片区	20919	285.90
安徽合肥片区	17891	275.46
黑龙江黑河片区	5492	274.60
黑龙江哈尔滨片区	19671	246.32
浙江舟山岛南部片区	6078	239.76
河南洛阳片区	5597	209.94
湖南郴州片区	3982	200.71
陕西西安国际港务区片区	4900	185.40
福建福州片区	5466	174.86
湖北武汉片区	11782	168.31
山东青岛片区	8669	166.71
江苏苏州片区	8524	141.71
湖北襄阳片区	2929	133.20
北京国际商务服务片区	6410	132.60
陕西杨凌示范区片区	736	127.78
广西南宁片区	5854	125.09
河北正定片区	3840	115.35
辽宁营口片区	3444	114.95
安徽蚌埠片区	2217	111.35
安徽芜湖片区	3223	92.09
上海陆家嘴金融片区	2934	85.64
广东深圳前海蛇口片区	2022	73.00
北京科技创新片区	2322	72.90
广西钦州港片区	3858	66.30
四川成都天府新区片区	5737	63.52
重庆西永片区	1245	54.58
辽宁沈阳片区	1549	51.69
广东广州南沙新区片区	3005	50.08

续表

自贸试验片区	个体工商户数量（家）	个体经济密度（个/平方千米）
上海保税区片区	1426	49.55
辽宁大连片区	147	47.41
天津机场片区	1987	46.10
上海金桥开发区片区	938	45.80
湖南岳阳片区	749	37.56
上海张江高科技片区	1218	32.74
重庆果园港片区	943	30.54
福建厦门片区	1125	25.70
河北大兴机场片区	468	23.45
北京高端产业片区	876	22.94
河南开封片区	446	22.37
河北曹妃甸片区	720	21.51
海南自贸区	682353	19.28
上海临港新片区	15308	17.53
河北雄安片区	528	15.89
广东珠海横琴新区片区	378	13.50
江苏连云港片区	147	7.01
浙江舟山岛北部片区	101	6.47
天津港东疆片区	64	2.13
浙江舟山离岛片区	24	0.30

注：由于数据资料缺失，未统计浙江省2020年扩容新增片区。

三、制造业市场主体

作为世界工厂，制造业在我国产业体系中占有非常重要的地位。对自贸试验区而言，制造业企业的数量可以有效反映区域的工业基础，对以加工组装为主的出口区域而言，这也是对外出口能力的重要支撑。本部分主要通过制造业企业数量和制造业企业密度两个指标体现自贸试验片区制造业市场主体发展情况（见表4-3和表4-4）。

表4-3 自贸试验片区制造业企业数量及密度

自贸试验片区	制造业企业数量（家）	制造业企业密度（个/平方千米）
山东烟台片区	1816	60.55
辽宁大连片区	3560	59.37
江苏苏州片区	2644	43.96
山东济南片区	1666	43.85
陕西中心片区	3522	40.13
河南洛阳片区	1013	38.00
云南昆明片区	2871	37.78
安徽合肥片区	2071	31.89
安徽芜湖片区	996	28.46
安徽蚌埠片区	545	27.37
上海保税区片区	785	27.28
重庆两江片区	1794	27.06
北京高端产业片区	1006	26.34
福建福州片区	811	25.94
辽宁营口片区	736	24.57
天津滨海新区中心商务区片区	1116	23.85
湖北武汉片区	1599	22.84
天津机场片区	948	22.00
四川川南临港片区	438	21.91
湖北襄阳片区	448	20.37
湖南长沙片区	1601	20.02
河南郑州片区	1430	19.54
广东深圳前海蛇口片区	541	19.53
广西钦州港片区	1127	19.37
山东青岛片区	1007	19.37
重庆西永片区	425	18.63
上海临港新片区	15398	17.64
北京国际商务服务片区	825	17.07
湖北宜昌片区	470	16.80

续表

自贸试验片区	制造业企业数量（家）	制造业企业密度（个/平方千米）
陕西杨凌示范区片区	92	15.97
广西南宁片区	744	15.90
四川成都青白江铁路港区片区	148	15.29
江苏南京片区	591	14.94
黑龙江绥芬河片区	293	14.66
湖南郴州片区	270	13.61
广东广州南沙新区片区	756	12.60
黑龙江哈尔滨片区	958	12.00
上海金桥开发区片区	215	10.50
福建厦门片区	437	9.98
上海张江高科技片区	369	9.92
河北曹妃甸片区	294	8.78
云南德宏片区	247	8.31
浙江舟山岛南部片区	204	8.05
北京科技创新片区	254	7.97
辽宁沈阳片区	238	7.94
上海陆家嘴金融片区	269	7.85
河北正定片区	255	7.66
黑龙江黑河片区	151	7.55
陕西西安国际港务区片区	193	7.30
广西崇左片区	100	6.67
江苏连云港片区	101	4.98
天津港东疆片区	149	4.97
广东珠海横琴新区片区	139	4.96
浙江舟山岛北部片区	69	4.42
湖南岳阳片区	83	4.16
云南红河片区	51	3.61
河南开封片区	69	3.46
河北雄安片区	108	3.25
重庆果园港片区	95	3.08
四川成都天府新区片区	276	3.06
福建平潭片区	100	2.33

自贸试验片区	制造业企业数量（家）	制造业企业密度（个/平方千米）
河北大兴机场片区	13	0.65
海南自贸区	15624	0.44
浙江舟山离岛片区	4	0.05

注：由于数据资料缺失，未统计浙江省2020年扩容新增片区。

表4-4 自贸试验片区制造业个体户数量及密度

自贸试验片区	个体工商户数量（家）	个体经济密度（个/平方千米）
广西崇左片区	576	38.40
云南德宏片区	1046	35.17
四川成都青白江铁路港区片区	295	30.48
黑龙江绥芬河片区	474	23.71
陕西中心片区	2027	23.10
云南昆明片区	1730	22.76
云南红河片区	247	17.49
黑龙江黑河片区	348	17.40
河南洛阳片区	461	17.29
山东烟台片区	496	16.54
陕西西安国际港务区片区	370	14.00
湖南郴州片区	251	12.65
河北正定片区	407	12.23
安徽蚌埠片区	231	11.60
黑龙江哈尔滨片区	885	11.08
湖北宜昌片区	301	10.76
重庆两江片区	694	10.47
四川川南临港片区	207	10.36
江苏南京片区	384	9.71
湖南长沙片区	770	9.63
山东济南片区	319	8.40
福建福州片区	253	8.09
天津滨海新区中心商务区片区	319	6.82
河南郑州片区	489	6.68

续表

自贸试验片区	个体工商户数量（家）	个体经济密度（个/平方千米）
湖北襄阳片区	143	6.50
浙江舟山岛南部片区	148	5.84
安徽芜湖片区	165	4.71
湖北武汉片区	307	4.39
安徽合肥片区	271	4.17
河北雄安片区	136	4.09
广西南宁片区	188	4.02
江苏苏州片区	239	3.97
山东青岛片区	182	3.50
重庆西永片区	67	2.94
北京国际商务服务片区	119	2.46
北京科技创新片区	78	2.45
陕西杨凌示范区片区	14	2.43
辽宁营口片区	63	2.10
上海临港新片区	1816	2.08
上海陆家嘴金融片区	62	1.81
辽宁沈阳片区	54	1.80
天津机场片区	77	1.79
广东广州南沙新区片区	105	1.75
重庆果园港片区	52	1.68
辽宁大连片区	89	1.48
上海张江高科技片区	52	1.40
上海保税区片区	40	1.39
北京高端产业片区	52	1.36
福建平潭片区	55	1.28
四川成都天府新区片区	115	1.27
福建厦门片区	52	1.19
上海金桥开发区片区	22	1.07
广东深圳前海蛇口片区	29	1.05
河北大兴机场片区	20	1.00
浙江舟山岛北部片区	13	0.83
湖南岳阳片区	14	0.70

自贸试验片区	个体工商户数量（家）	个体经济密度（个/平方千米）
海南自贸区	23333	0.66
河北曹妃甸片区	21	0.63
河南开封片区	11	0.55
广东珠海横琴新区片区	8	0.29
江苏连云港片区	5	0.25
广西钦州港片区	13	0.22
浙江舟山离岛片区	6	0.08
天津港东疆片区	0	0

注：由于数据资料缺失，未统计浙江省2020年扩容新增片区。

四、交通运输、仓储和邮政业市场主体

交通运输、仓储和邮政业是经济的基础产业，在自贸试验区内商品的流通和交付中具有不可替代的作用，为自贸试验区的发展提供了重要支撑，促进了贸易自由化和市场化改革，同时也推动了供应链和物流网络的建设。表4-5、表4-6通过交通运输、仓储和邮政业企业数量及企业密度两个指标体现自贸试验片区相关市场主体发展情况。

表4-5　交通运输、仓储和邮政业企业数量及密度

自贸试验片区	交通运输、仓储和邮政业企业数量（家）	企业密度（个/平方千米）
上海保税区片区	2094	72.76
天津滨海新区中心商务区片区	3255	69.55
北京国际商务服务片区	2551	52.77
天津港东疆片区	1199	39.97
天津机场片区	1580	36.66
四川成都青白江铁路港区片区	353	36.47
山东青岛片区	1722	33.12

续表

自贸试验片区	交通运输、仓储和邮政业企业数量（家）	企业密度（个/平方千米）
云南昆明片区	2387	31.41
广东深圳前海蛇口片区	684	24.69
辽宁大连片区	1447	24.13
广西崇左片区	324	21.60
重庆两江片区	1429	21.56
广东广州南沙新区片区	1051	17.52
广西钦州港片区	991	17.03
福建福州片区	522	16.70
河南郑州片区	1186	16.21
重庆西永片区	367	16.09
河北曹妃甸片区	525	15.68
安徽合肥片区	949	14.61
陕西西安国际港务区片区	375	14.19
江苏苏州片区	799	13.28
陕西中心片区	1078	12.28
黑龙江绥芬河片区	244	12.21
山东烟台片区	364	12.14
福建厦门片区	511	11.67
湖南长沙片区	901	11.27
山东济南片区	425	11.19
四川川南临港片区	217	10.86
广西南宁片区	453	9.68
湖北宜昌片区	264	9.44
浙江舟山岛南部片区	238	9.39
湖北武汉片区	601	8.59
云南红河片区	112	7.93
云南德宏片区	230	7.73
黑龙江黑河片区	149	7.45
北京高端产业片区	271	7.10
上海临港新片区	6070	6.95
江苏连云港片区	126	6.22

续表

自贸试验片区	交通运输、仓储和 邮政业企业数量（家）	企业密度 （个/平方千米）
辽宁营口片区	185	6.17
安徽芜湖片区	215	6.14
江苏南京片区	226	5.71
河南洛阳片区	144	5.40
福建平潭片区	225	5.23
湖北襄阳片区	112	5.09
上海陆家嘴金融片区	168	4.90
湖南郴州片区	82	4.13
黑龙江哈尔滨片区	319	3.99
四川成都天府新区片区	343	3.80
上海金桥开发区片区	71	3.47
浙江舟山岛北部片区	53	3.39
安徽蚌埠片区	67	3.37
北京科技创新片区	103	3.23
湖南岳阳片区	60	3.01
河北正定片区	86	2.58
辽宁沈阳片区	74	2.47
陕西杨凌示范区片区	12	2.08
重庆果园港片区	55	1.78
广东珠海横琴新区片区	47	1.68
河北大兴机场片区	28	1.40
河北雄安片区	46	1.38
上海张江高科技片区	38	1.02
河南开封片区	10	0.50
海南自贸区	7591	0.21
浙江舟山离岛片区	11	0.14

注：由于数据资料缺失，未统计浙江省2020年扩容新增片区。

　　自贸试验区对交通运输、仓储和邮政业个体户的发展同样起到了重要推动作用，可以促进贸易便利化、建设现代物流体系、推动产业升级和推进物流供应链一体化发展，进而推动区域经济的增长和改革开放的深入发展。各片区相关个体户数据如下：

表4-6 交通运输、仓储和邮政业个体户数量及密度

自贸试验片区	个体工商户数量（家）	个体经济密度（个/平方千米）
广西崇左片区	788	52.53
福建平潭片区	2245	52.21
江苏南京片区	1260	31.86
云南昆明片区	1546	20.34
湖南郴州片区	369	18.60
云南德宏片区	520	17.48
黑龙江黑河片区	284	14.20
黑龙江绥芬河片区	227	11.36
湖南长沙片区	870	10.88
天津滨海新区中心商务区片区	495	10.58
湖北宜昌片区	260	9.30
陕西中心片区	773	8.81
黑龙江哈尔滨片区	557	6.97
四川成都青白江铁路港区片区	66	6.82
辽宁大连片区	382	6.37
云南红河片区	71	5.03
河北正定片区	157	4.72
河南郑州片区	290	3.96
山东济南片区	142	3.74
安徽合肥片区	218	3.36
重庆两江片区	216	3.26
湖北襄阳片区	71	3.23
北京科技创新片区	83	2.61
陕西西安国际港务区片区	67	2.53
山东青岛片区	115	2.21
河南洛阳片区	51	1.91
湖南岳阳片区	32	1.60
北京国际商务服务片区	71	1.47
山东烟台片区	44	1.47

自贸试验片区	个体工商户数量（家）	个体经济密度（个/平方千米）
浙江舟山岛南部片区	37	1.46
四川川南临港片区	27	1.35
河北曹妃甸片区	45	1.34
辽宁沈阳片区	40	1.33
安徽蚌埠片区	23	1.16
广西南宁片区	54	1.15
福建厦门片区	48	1.10
江苏苏州片区	64	1.06
上海陆家嘴金融片区	35	1.02
安徽芜湖片区	32	0.91
广东广州南沙新区片区	51	0.85
湖北武汉片区	56	0.80
北京高端产业片区	23	0.60
浙江舟山岛北部片区	9	0.58
广西钦州港片区	33	0.57
海南自贸区	16808	0.47
天津机场片区	20	0.46
河北大兴机场片区	9	0.45
上海保税区片区	11	0.38
重庆西永片区	8	0.35
江苏连云港片区	7	0.35
福建福州片区	10	0.32
四川成都天府新区片区	25	0.28
天津港东疆片区	8	0.27
上海临港新片区	229	0.26
重庆果园港片区	8	0.26
河南开封片区	5	0.25
上海金桥开发区片区	5	0.24
广东深圳前海蛇口片区	6	0.22
上海张江高科技片区	8	0.22
辽宁营口片区	6	0.20
陕西杨凌示范区片区	1	0.17

自贸试验片区	个体工商户数量（家）	个体经济密度（个/平方千米）
广东珠海横琴新区片区	3	0.11
河北雄安片区	2	0.06
浙江舟山离岛片区	1	0.01

注：由于数据资料缺失，未统计浙江省2020年扩容新增片区。

五、信息传输、软件和信息技术服务业市场主体

信息传输、软件和信息技术服务业市场主体为自贸试验区的经济发展和创新提供了基础设施、技术支持和服务保障，推动了数字经济的发展，为企业提供了更多发展机遇和竞争优势。同时，它们也对经济的协调发展和国际合作起到了重要的推动作用。表4-7统计了各个片区相关市场主体企业数量和企业密度两个指标。

表4-7 自贸试验片区信息传输、软件和信息技术服务业企业数量及密度

自贸试验片区	企业数量（家）	企业密度（个/平方千米）
山东济南片区	7768	204.47
湖北武汉片区	10036	143.37
重庆两江片区	9315	140.52
陕西中心片区	11851	135.04
河南郑州片区	7461	101.97
安徽合肥片区	5934	91.36
云南昆明片区	5196	68.37
江苏苏州片区	4069	67.65
广东深圳前海蛇口片区	1606	57.98
四川成都天府新区片区	4890	54.14
辽宁大连片区	2990	49.87
四川成都青白江铁路港区片区	478	49.38
福建福州片区	1345	43.03

续表

自贸试验片区	企业数量（家）	企业密度（个/平方千米）
广西南宁片区	1912	40.85
广西钦州港片区	2352	40.42
山东烟台片区	1090	36.35
北京科技创新片区	1115	35.01
湖北宜昌片区	921	32.93
河南洛阳片区	866	32.48
上海保税区片区	916	31.83
广东广州南沙新区片区	1901	31.68
上海张江高科技片区	1174	31.56
北京国际商务服务片区	1368	28.30
重庆西永片区	628	27.53
江苏南京片区	1004	25.39
黑龙江哈尔滨片区	1844	23.09
陕西西安国际港务区片区	478	18.09
北京高端产业片区	681	17.83
辽宁营口片区	455	15.19
四川川南临港片区	301	15.06
福建平潭片区	642	14.93
天津机场片区	643	14.92
陕西杨凌示范区片区	83	14.41
湖南长沙片区	1119	13.99
上海陆家嘴金融片区	473	13.81
浙江舟山岛南部片区	349	13.77
山东青岛片区	700	13.46
湖南郴州片区	256	12.90
广东珠海横琴新区片区	336	12.00
天津滨海新区中心商务区片区	522	11.15
天津港东疆片区	327	10.90
河南开封片区	135	6.77
上海临港新片区	5741	6.58
辽宁沈阳片区	194	6.47
黑龙江黑河片区	127	6.35

自贸试验片区	企业数量（家）	企业密度（个/平方千米）
上海金桥开发区片区	117	5.71
河北曹妃甸片区	191	5.70
福建厦门片区	220	5.03
安徽芜湖片区	173	4.94
浙江舟山岛北部片区	70	4.48
云南德宏片区	133	4.47
河北正定片区	144	4.33
江苏连云港片区	82	4.05
黑龙江绥芬河片区	80	4.00
湖北襄阳片区	88	4.00
安徽蚌埠片区	75	3.77
广西崇左片区	53	3.53
重庆果园港片区	109	3.53
河北雄安片区	95	2.86
湖南岳阳片区	52	2.61
云南红河片区	32	2.27
海南自贸区	56325	1.59
河北大兴机场片区	10	0.50
浙江舟山离岛片区	2	0.03

注：由于数据资料缺失，未统计浙江省2020年扩容新增片区。

　　科学研究和技术服务业是促进创新和转型升级的关键力量，起着推动创新发展的重要作用，为自贸试验区的产业升级和经济转型提供了技术支撑；科学研究不仅关注基础研究和前沿技术领域，也关注应用研究和产业技术创新，在推动创新和转型升级、提升技术水平和竞争力等方面至关重要。表4-8统计了各个片区相关市场主体企业数量和企业密度两个指标。

表4-8　自贸试验片区科学研究和技术服务业企业数量及密度

自贸试验片区	企业数量（家）	企业密度（个/平方千米）
北京科技创新片区	13637	428.16
北京国际商务服务片区	19325	399.77

续表

自贸试验片区	企业数量（家）	企业密度（个/平方千米）
北京高端产业片区	9244	242.05
山东济南片区	6966	183.36
湖北武汉片区	12216	174.51
天津机场片区	6271	145.50
河南郑州片区	10420	142.41
天津滨海新区中心商务区片区	6191	132.29
上海保税区片区	3294	114.45
江苏苏州片区	6697	111.34
天津港东疆片区	2447	81.57
四川成都天府新区片区	7200	79.72
安徽合肥片区	5144	79.20
陕西中心片区	6148	70.05
上海张江高科技片区	2310	62.10
云南昆明片区	4529	59.59
重庆两江片区	3852	58.11
福建福州片区	1742	55.73
辽宁大连片区	2759	46.01
河南洛阳片区	1208	45.31
黑龙江哈尔滨片区	3400	42.57
山东烟台片区	1251	41.71
广西南宁片区	1844	39.40
湖北宜昌片区	1025	36.65
江苏南京片区	1403	35.47
广东广州南沙新区片区	1822	30.37
上海临港新片区	24140	27.65
广东深圳前海蛇口片区	693	25.02
上海陆家嘴金融片区	825	24.08
湖南长沙片区	1844	23.06
浙江舟山岛南部片区	569	22.45
广东珠海横琴新区片区	614	21.93
上海金桥开发区片区	423	20.65
广西钦州港片区	1186	20.38

续表

自贸试验片区	企业数量（家）	企业密度（个/平方千米）
陕西杨凌示范区片区	116	20.14
山东青岛片区	981	18.87
重庆西永片区	384	16.83
四川川南临港片区	292	14.61
四川成都青白江铁路港区片区	133	13.74
陕西西安国际港务区片区	307	11.62
河北曹妃甸片区	382	11.41
辽宁沈阳片区	332	11.08
湖南郴州片区	202	10.18
安徽芜湖片区	354	10.11
辽宁营口片区	295	9.85
福建厦门片区	425	9.71
河北正定片区	310	9.31
江苏连云港片区	179	8.83
安徽蚌埠片区	170	8.54
黑龙江黑河片区	134	6.70
福建平潭片区	250	5.81
河北大兴机场片区	91	4.56
浙江舟山岛北部片区	67	4.29
河北雄安片区	132	3.97
黑龙江绥芬河片区	72	3.60
云南德宏片区	101	3.40
重庆果园港片区	99	3.21
河南开封片区	59	2.96
湖北襄阳片区	61	2.77
湖南岳阳片区	46	2.31
云南红河片区	18	1.27
广西崇左片区	19	1.27
海南自贸区	14410	0.41
浙江舟山离岛片区	1	0.01

注：由于数据资料缺失，未统计浙江省2020年扩容新增片区。

六、自由贸易试验区挂牌一年内新增市场主体

自贸试验区挂牌一年内新增市场主体数量可以体现自贸试验区经济活力、创新创业氛围、自贸试验区对外商投资的吸引力等。需要注意的是，单纯的新增市场主体数量不能完全代表自贸试验区的综合实力和发展成果，还需综合考虑企业质量、行业结构、市场规模等因素。同时，市场主体的数量增加也需要进一步关注其对地区经济发展的贡献以及其发展趋势的可持续性。虽然如此，自贸试验区挂牌后新增企业变化仍然体现了对市场的集聚能力和活力。表4-9列出了各片区挂牌一年内新增企业的数量和密度。

表4-9　自贸试验区挂牌一年内新增企业数量及密度

批次	自贸试验片区	新增企业（家，自挂牌一年内）	新增企业密度（个/平方千米）
第一批	上海保税区片区	5212	181.10
	上海金桥开发区片区	311	15.19
	上海陆家嘴金融片区	1113	32.49
	上海临港新片区	21226	24.31
	上海张江高科技片区	585	15.73
	小计	28447	28.63
第二批	广东珠海横琴新区片区	223	7.96
	广东南沙新区片区	1315	21.92
	广东深圳前海蛇口片区	1361	49.13
	小计	2899	25.06
	天津港东疆片区	2196	73.20
	天津机场片区	2897	67.22
	天津滨海新区中心商务区片区	3926	83.89
	小计	9019	75.22
	福建福州片区	2755	88.13
	福建平潭片区	598	13.91
	福建厦门片区	862	19.69
	小计	4215	35.71

批次	自贸试验片区	新增企业（家，自挂牌一年内）	新增企业密度（个/平方千米）
	辽宁大连片区	5381	89.74
	辽宁沈阳片区	1505	50.22
	辽宁营口片区	2273	75.87
	小计	9159	76.40
	浙江舟山岛北部片区	43	2.75
	浙江舟山离岛片区	1	0.01
	浙江舟山岛南部片区	700	27.61
	小计	744	6.20
	河南开封片区	285	14.29
	河南洛阳片区	1150	43.14
	河南郑州片区	13894	189.89
	小计	15329	127.99
第三批	湖北武汉片区	6588	94.11
	湖北襄阳片区	322	14.64
	湖北宜昌片区	1167	41.72
	小计	8077	67.33
	重庆两江片区	5682	85.71
	重庆果园港片区	124	4.02
	重庆西永片区	474	20.78
	小计	6280	52.34
	四川川南临港片区	1044	52.23
	四川成都青白江铁路港区片区	344	35.54
	四川成都天府新区片区	280	3.10
	小计	1668	13.90
	陕西西安国际港务区片区	1083	40.98
	陕西杨凌示范区片区	291	50.52
	陕西中心片区	8866	101.03
	小计	10240	85.37
第四批	海南自贸区	58638	1.66

续表

批次	自贸试验片区	新增企业（家，自挂牌一年内）	新增企业密度（个/平方千米）
第五批	山东青岛片区	7718	148.42
	山东济南片区	9062	238.54
	山东烟台片区	3064	102.17
	小计	19844	165.39
	江苏连云港片区	56	2.76
	江苏南京片区	1626	41.11
	江苏苏州片区	6196	103.01
	小计	7878	65.67
	广西崇左片区	323	21.53
	广西南宁片区	3098	66.20
	广西钦州港片区	1307	22.46
	小计	4728	39.40
	河北曹妃甸片区	607	18.13
	河北大兴机场片区	48	2.40
	河北雄安片区	569	17.12
	河北正定片区	496	14.90
	小计	1720	14.34
	云南德宏片区	1028	34.57
	云南红河片区	243	17.21
	云南昆明片区	10509	138.28
	小计	11780	98.28
	黑龙江哈尔滨片区	3316	41.52
	黑龙江黑河片区	488	24.40
	黑龙江绥芬河片区	397	19.86
	小计	4201	35.05
第六批	湖南岳阳片区	228	11.43
	湖南郴州片区	892	44.96
	湖南长沙片区	2966	37.08
	小计	4086	34.12
	北京国际商务服务片区	11705	242.14
	北京科技创新片区	2943	92.40

续表

批次	自贸试验片区	新增企业（家， 自挂牌一年内）	新增企业密度 （个/平方千米）
	北京高端产业片区	799	20.92
	小计	15447	130.49
第六批	安徽蚌埠片区	320	16.07
	安徽合肥片区	9636	148.36
	安徽芜湖片区	21	0.60
	小计	9977	83.24

注：由于数据资料缺失，未统计浙江省2020年扩容新增片区。

七、自由贸易试验区民营及国有市场主体

自贸试验区民营及国有市场主体数量反映了该区域内民营和国有企业的分布情况和相对比例。对于一个自贸试验区来说，民营企业的数量和比例可以反映该区域内的市场活力和创业氛围，如果民营企业的数量较多，说明该区域个体创业、私人投资和市场竞争较为充分，具有较强的市场活力和竞争力。而国有企业的数量和比例则反映了国家在该区域内的投资占比和直接调控能力，也体现了该区域的产业结构和经济发展的方向。因此，民营及国有市场主体数量能够在一定程度上展示自贸试验区的经济状况和发展特点。表4-10是各片区民营企业、国有企业数量统计数据。

表4-10 自贸试验区民营企业、国有企业数量　　　　　单位：家

批次	自贸试验片区	民营企业	国有企业
	上海保税区片区	33464	79
	上海金桥开发区片区	2689	9
第一批	上海陆家嘴金融片区	10735	182
	上海临港新片区	151846	234
	上海张江高科技片区	6377	54
	小计	205111	558

批次	自贸试验片区	民营企业	国有企业
第二批	广东珠海横琴新区片区	6293	8
	广东南沙新区片区	23388	31
	广东深圳前海蛇口片区	13372	15
	小计	43053	54
	天津港东疆片区	18307	2
	天津机场片区	27154	2
	天津滨海新区中心商务区片区	41214	17
	小计	86675	21
	福建福州片区	19737	140
	福建平潭片区	8489	19
	福建厦门片区	5452	52
	小计	33678	211
第三批	辽宁大连片区	40428	36
	辽宁沈阳片区	2884	14
	辽宁营口片区	6219	10
	小计	49531	60
	浙江舟山岛北部片区	2719	3
	浙江舟山离岛片区	43	2
	浙江舟山岛南部片区	5629	31
	小计	8391	36
	河南开封片区	1051	3
	河南洛阳片区	9663	33
	河南郑州片区	92534	150
	小计	103248	186
	湖北武汉片区	62356	83
	湖北襄阳片区	1858	10
	湖北宜昌片区	10769	48
	小计	74983	141
	重庆两江片区	63753	140
	重庆果园港片区	1173	3
	重庆西永片区	5733	7
	小计	70659	150

续表

批次	自贸试验片区	民营企业	国有企业
第三批	四川川南临港片区	7794	42
	四川成都青白江铁路港区片区	24407	8
	四川成都天府新区片区	29847	44
	小计	62048	94
	陕西西安国际港务区片区	7931	20
	陕西杨凌示范区片区	1215	1
	陕西中心片区	81411	231
	小计	90557	252
第四批	海南自贸区	481262	1906
第五批	山东青岛片区	24072	24
	山东济南片区	58849	212
	山东烟台片区	19964	32
	小计	102885	268
	江苏连云港片区	1311	0
	江苏南京片区	11561	15
	江苏苏州片区	40627	21
	小计	53499	36
	广西崇左片区	2915	32
	广西南宁片区	24535	43
	广西钦州港片区	19988	17
	小计	47438	92
	河北曹妃甸片区	4633	108
	河北大兴机场片区	532	3
	河北雄安片区	1171	11
	河北正定片区	2684	12
	小计	9020	134
	云南德宏片区	6071	87
	云南红河片区	2193	35
	云南昆明片区	84823	330
	小计	93087	452
	黑龙江哈尔滨片区	19606	145
	黑龙江黑河片区	2906	31

续表

批次	自贸试验片区	民营企业	国有企业
第五批	黑龙江绥芬河片区	3656	26
	小计	26168	202
第六批	湖南岳阳片区	639	8
	湖南郴州片区	3447	4
	湖南长沙片区	19090	23
	小计	23176	35
	北京国际商务服务片区	75148	110
	北京科技创新片区	28199	9
	北京高端产业片区	25640	39
	小计	128987	158
	安徽蚌埠片区	2358	20
	安徽合肥片区	44159	91
	安徽芜湖片区	4708	28
	小计	51225	139

注：由于数据资料缺失，未统计浙江省 2020 年扩容新增片区。

八、自由贸易试验区市场主体构成

（一）上海自贸试验区

　　截至 2021 年底，上海自贸试验区市场主体达到 227493 户。其中包括个体工商户 21824 个、企业 205669 家，国有企业 558 家、民营企业 205111 家。其中，外高桥保税区、洋山保税港区、浦东机场综保区分别新增企业 14423 家、577 家、593 家①。从行业分布来看，占比最高前五个行业依次是批发和零售业、租赁和商务服务业、科学研究和技术服务业、制造业、建筑业。从企业注册资本来看，注册资本在 500 万～1000 万元、1001 万～3000 万元、3001 万～5000 万元、5001

---

　　① 上海自贸区挂牌八周年：肩负新使命，引领新征程 [EB/OL].（2021-09-30）[2022-06-10].
https：//baijiahao.baidu.com/s? id=1712295094632280518&wfr=spider&for=pc.

万~1 亿元、1 亿元以上的企业数量分别为 28349 家、23706 家、3347 家、5956 家、7151 家（见图 4-1~图 4-3）。

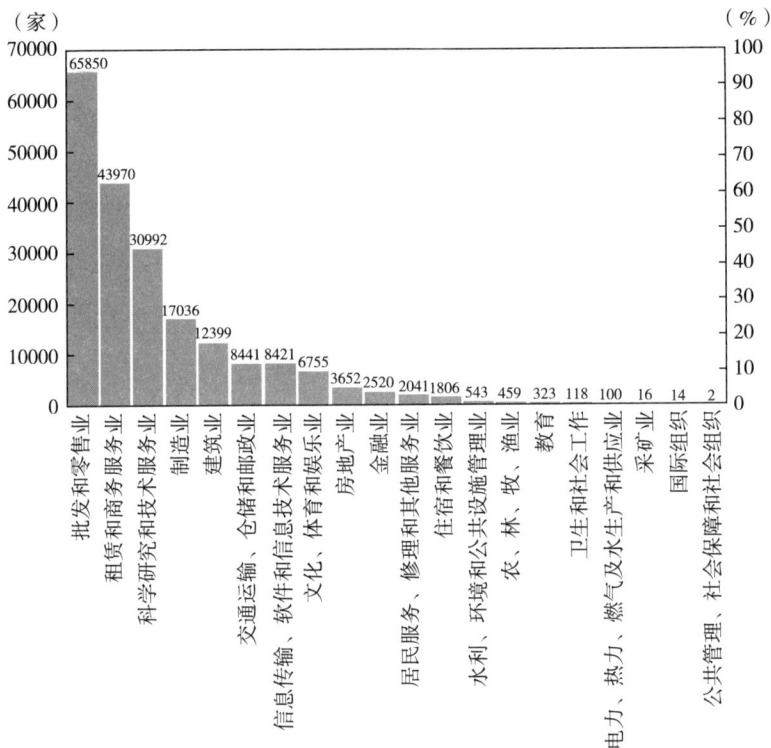

图 4-1　上海自贸试验区分行业企业数量

（二）广东自贸试验区

截至 2021 年底，广东自贸试验区市场主体达到 48512 户。其中包括个体工商户 5405 个、企业 43107 家，国有企业 54 家、民营企业 43053 家。从行业分布来看，占比最高前五个行业依次是批发和零售业，租赁和商务服务业，金融业，信息传输、软件和信息技术服务业，科学研究和科技服务业。从企业注册资本来看，注册资本在 500 万~1000 万元、1001 万~3000 万元、3001 万~5000 万元、5001 万~1 亿元、1 亿元以上的企业数量分别为 5455 家、6565 家、1013 家、1813 家、2974 家（见图 4-4~图 4-6）。

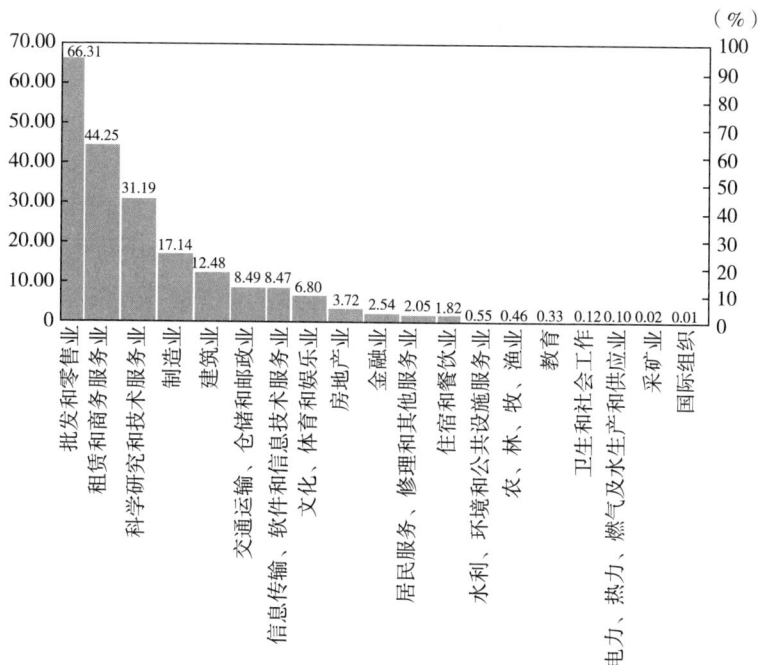

图4-2　上海自贸试验区企业分行业经济密度

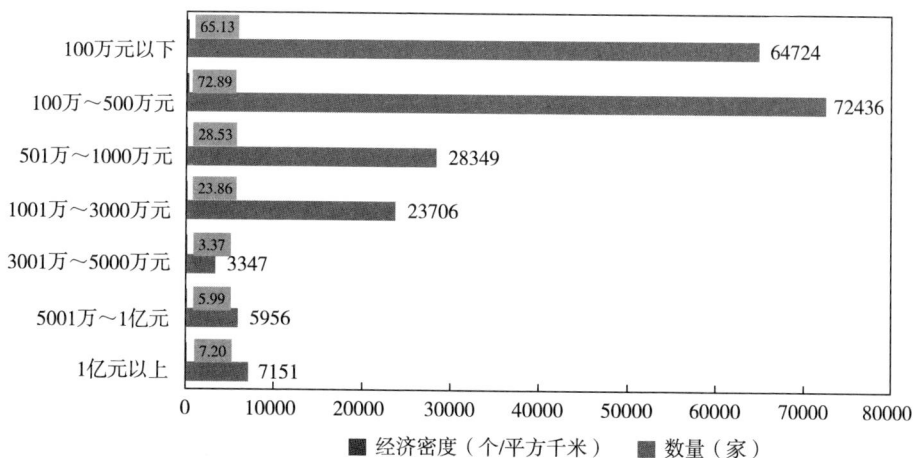

图4-3　上海自贸试验区企业注册资本

（家）　　　　　　　　　　　　　　　　　　　　　　　（%）

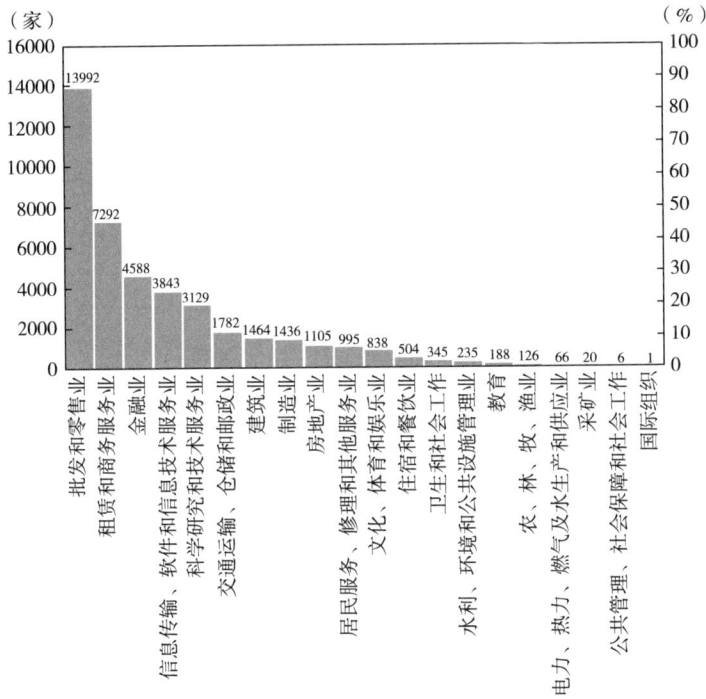

图 4-4　广东自贸试验区分行业企业数量

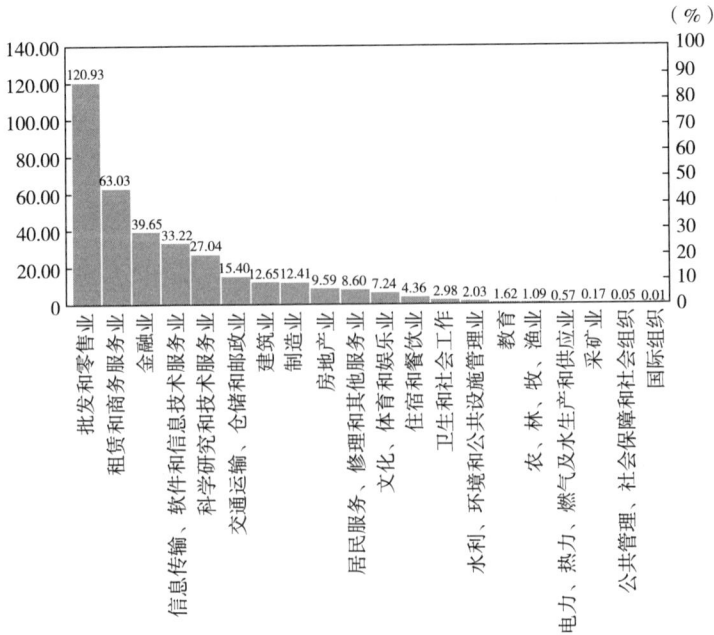

（%）

图 4-5　广东自贸试验区企业分行业经济密度

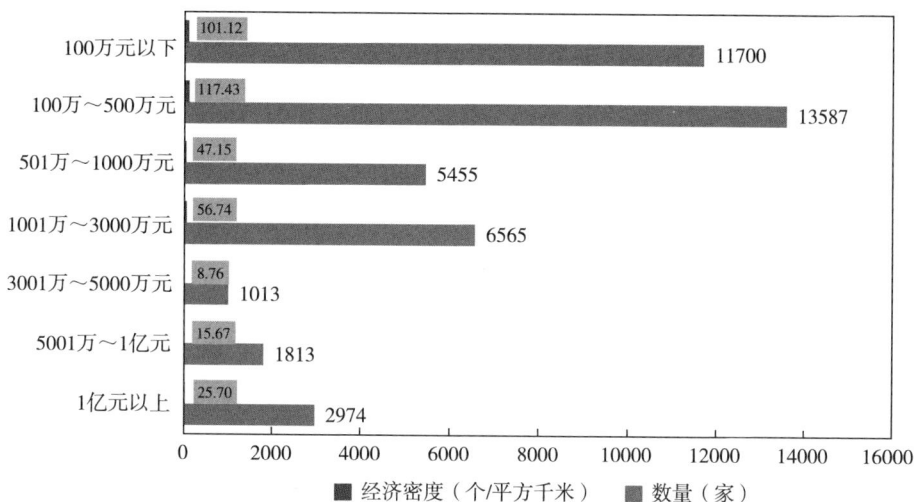

图4-6　广东自贸试验区企业注册资本

（三）天津自贸试验区

截至2021年底，天津自贸试验区市场主体达到108769户。其中包括个体工商户22073个、企业86696家，国有企业21家、民营企业86675家。从行业分布来看，占比最高前五个行业依次是批发和零售业，租赁和商务服务业，科学研究和技术服务业，交通运输、仓储和邮政业，建筑业。从企业注册资本来看，注册资本在500万~1000万元、1001万~3000万元、3001万~5000万元、5001万~1亿元、1亿元以上的企业数量分别为14182家、14905家、2051家、4560家、5296家（见图4-7~图4-9）。

（四）福建自贸试验区

截至2021年底，福建自贸试验区市场主体达到62538户。其中包括个体工商户28649个、企业33889家，国有企业211家、民营企业33678家。从行业分布来看，占比最高前五个行业依次是批发和零售业，租赁和商务服务业，建筑业，科学研究和技术服务业，信息传输、软件和信息技术服务业。从企业注册资本来看，注册资本在500万~1000万元、1001万~3000万元、3001万~5000万元、5001万~1亿元、1亿元以上的企业数量分别为3619家、8649家、1391家、2359家、1744家（见图4-10~图4-12）。

（家）
（%）

30078
15062 14909
6034
4746
3582
2213 2100 1868 1492 1453
800
387 380 173 170 105 52 2 2

批发和零售业
租赁和商务服务业
科学研究和技术服务业
交通运输、仓储和邮政业
建筑业
金融业
制造业
文化、体育和娱乐业
房地产业
信息传输、软件和信息技术服务业
居民服务、修理和其他服务业
住宿和餐饮业
教育
水利、环境和公共设施管理业
卫生和社会工作
电力、热力、燃气及水生产和供应业
采矿业
农、林、牧、渔业
公共管理、社会保障和社会组织
国际组织

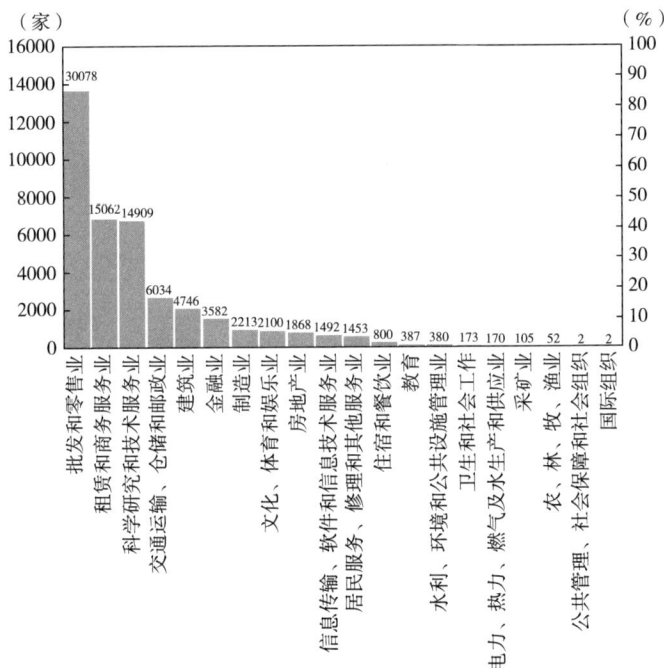

图4-7 天津自贸试验区分行业企业数量

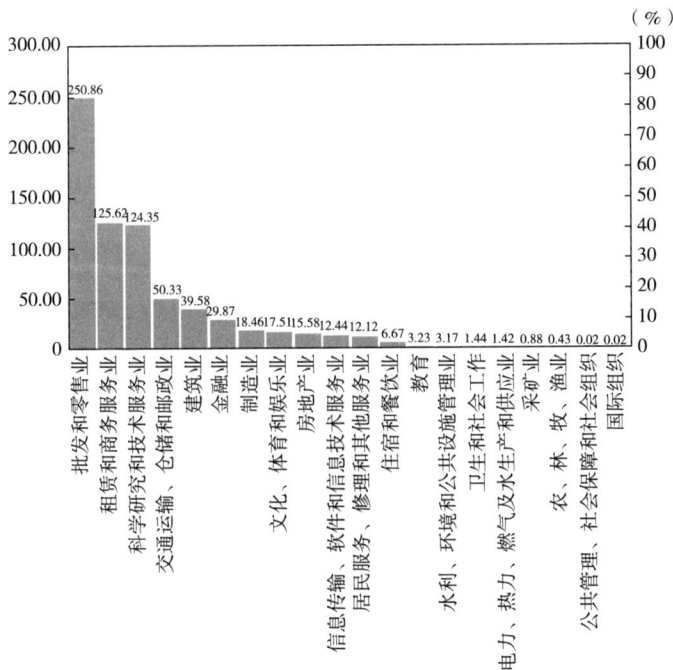

（%）

250.86
125.62 124.35
50.33
39.58
29.87
18.46 17.51 15.58 12.44 12.12
6.67
3.23 3.17 1.44 1.42 0.88 0.43 0.02 0.02

批发和零售业
租赁和商务服务业
科学研究和技术服务业
交通运输、仓储和邮政业
建筑业
金融业
制造业
文化、体育和娱乐业
房地产业
信息传输、软件和信息技术服务业
居民服务、修理和其他服务业
住宿和餐饮业
教育
水利、环境和公共设施管理业
卫生和社会工作
电力、热力、燃气及水生产和供应业
采矿业
农、林、牧、渔业
公共管理、社会保障和社会组织
国际组织

图4-8 天津自贸试验区企业分行业经济密度

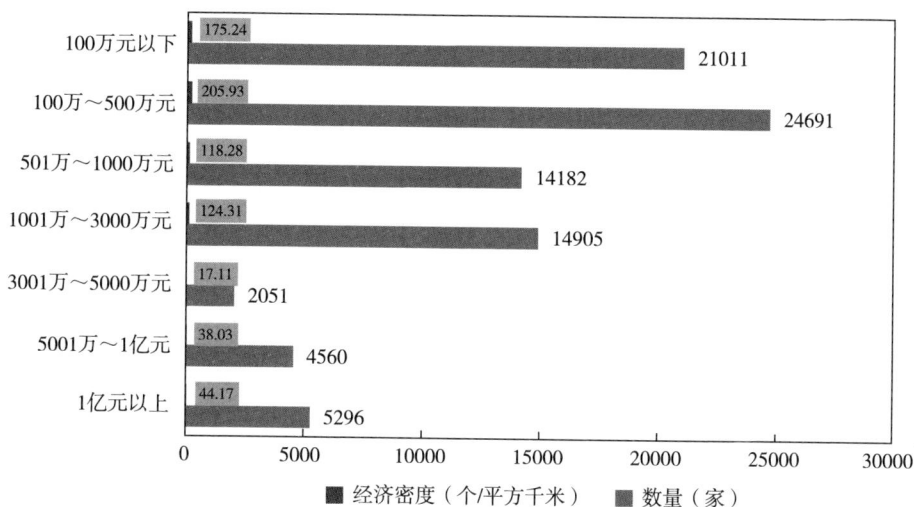

图4-9 天津自贸试验区企业注册资本

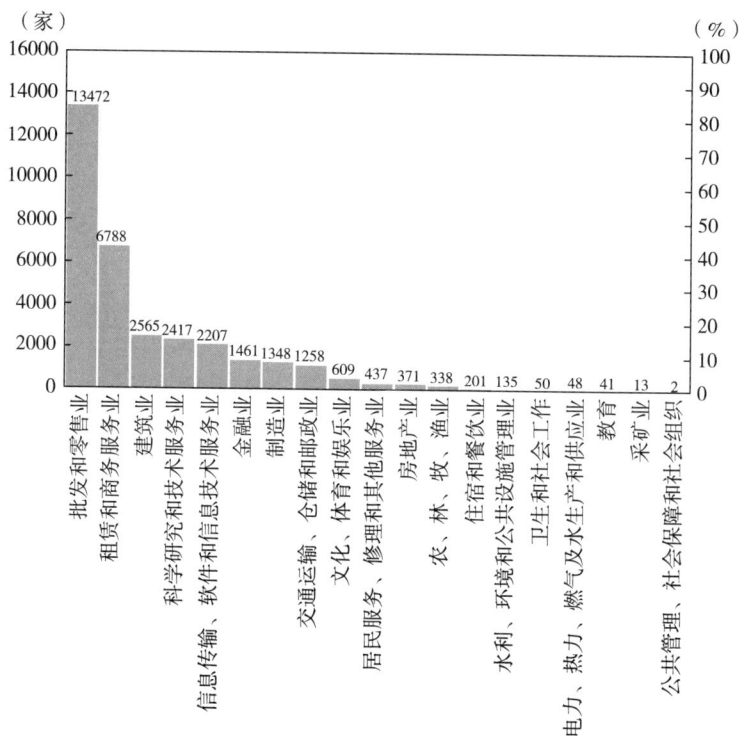

图4-10 福建自贸试验区分行业企业数量

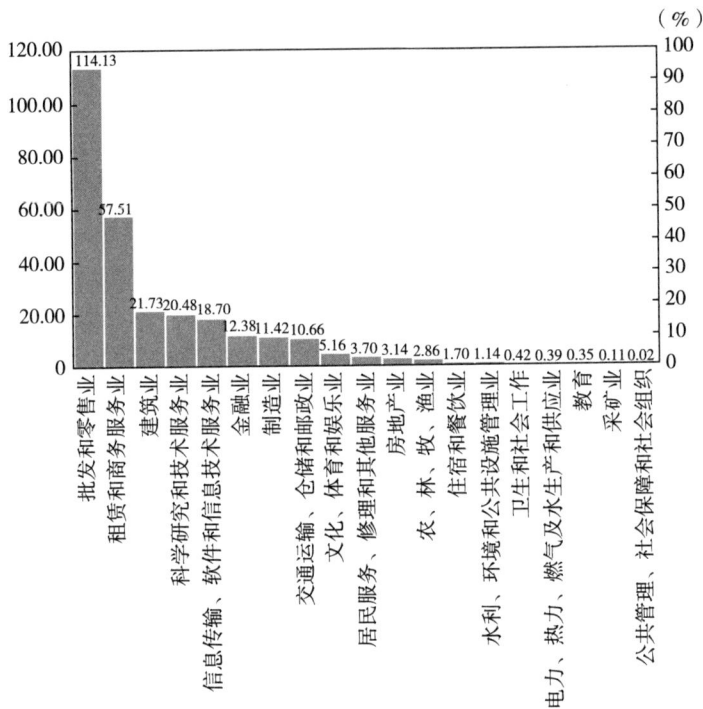

图 4-11　福建自贸试验区企业分行业经济密度

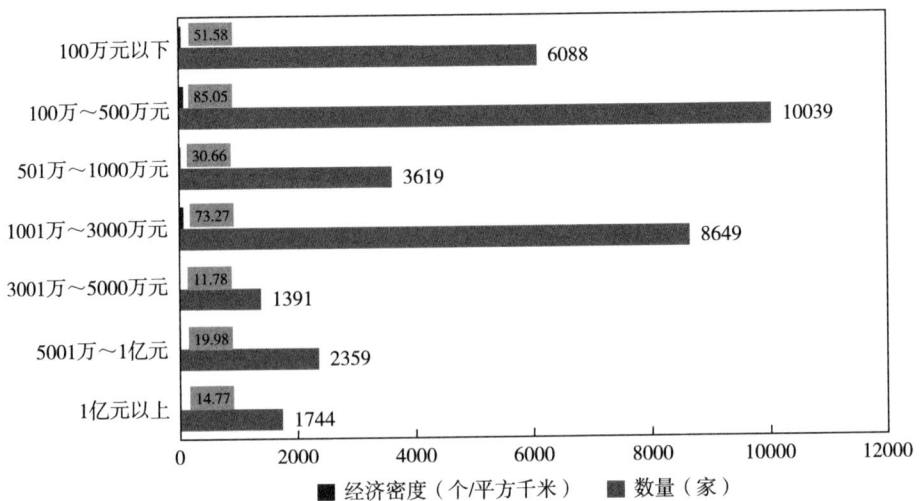

图 4-12　福建自贸试验区企业注册资本

（五）辽宁自贸试验区

截至 2021 年底，辽宁自贸试验区市场主体达到 57427 户。其中包括个体工商户 7836 个、企业 49591 家，国有企业 60 家、民营企业 49531 家。从行业分布来看，占比最高前五个行业依次是批发和零售业，租赁和商务服务业，制造业，建筑业，信息传输、软件和信息技术服务业。从企业注册资本来看，注册资本在 500 万~1000 万元、1001 万~3000 万元、3001 万~5000 万元、5001 万~1 亿元、1 亿元以上的企业数量分别为 9334 家、6646 家、945 家、1808 家、1260 家（见图 4-13~图 4-15）。

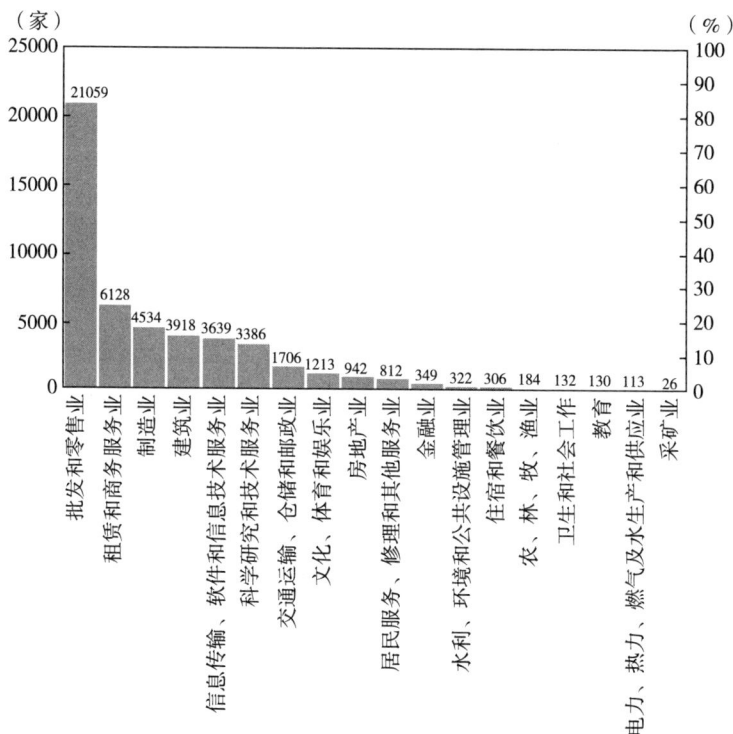

图 4-13　辽宁自贸试验区分行业企业数量

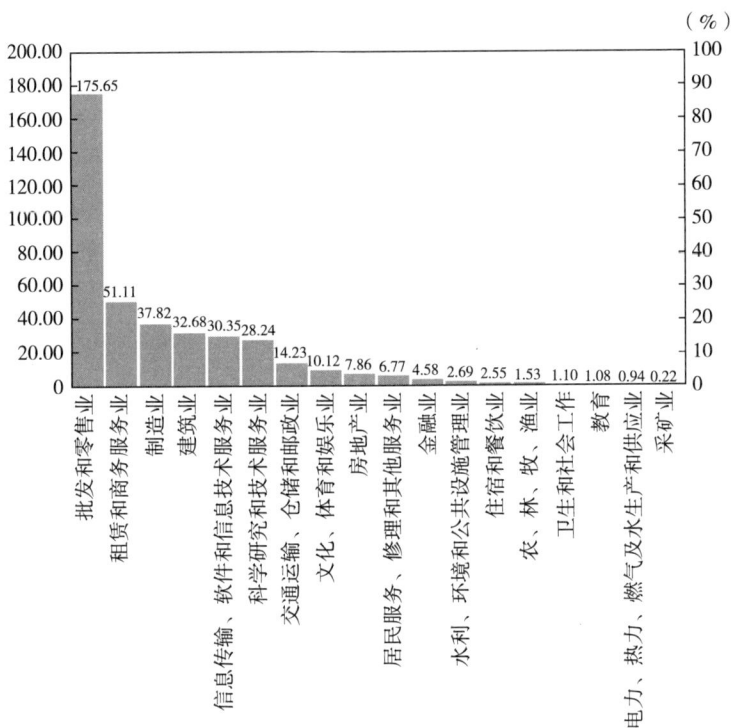

图 4-14　辽宁自贸试验区企业分行业经济密度

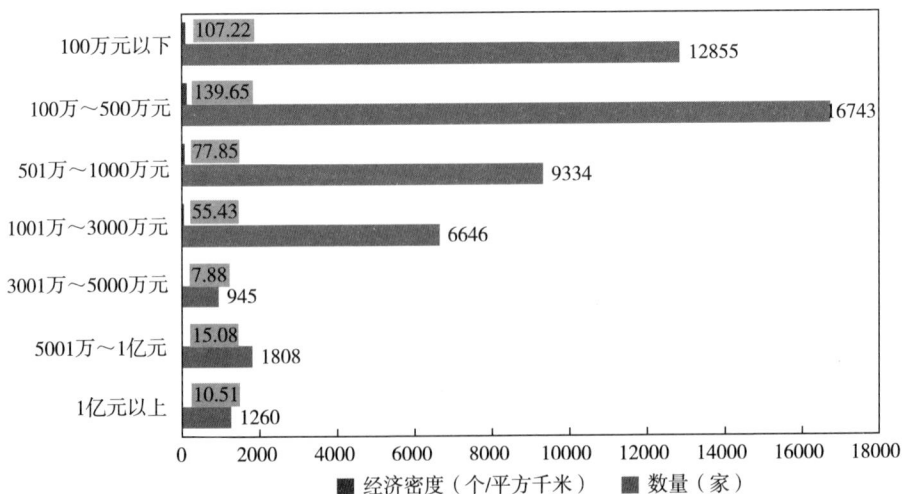

图 4-15　辽宁自贸试验区企业注册资本

（六）浙江自贸试验区

截至 2021 年底，浙江自贸试验区舟山三个片区市场主体达到 14630 户①。其中包括个体工商户 6203 个、企业 8427 家，国有企业 36 家、民营企业 8391 家。从行业分布来看，占比最高前五个行业依次是批发和零售业，租赁和商务服务业，科学研究和技术服务业，建筑业，信息传输、软件和信息技术服务业。从企业注册资本来看，注册资本在 500 万~1000 万元、1001 万~3000 万元、3001 万~5000 万元、5001 万~1 亿元、1 亿元以上的企业数量分别为 590 家、1427 家、118 家、263 家、298 家（见图 4-16~图 4-18）。

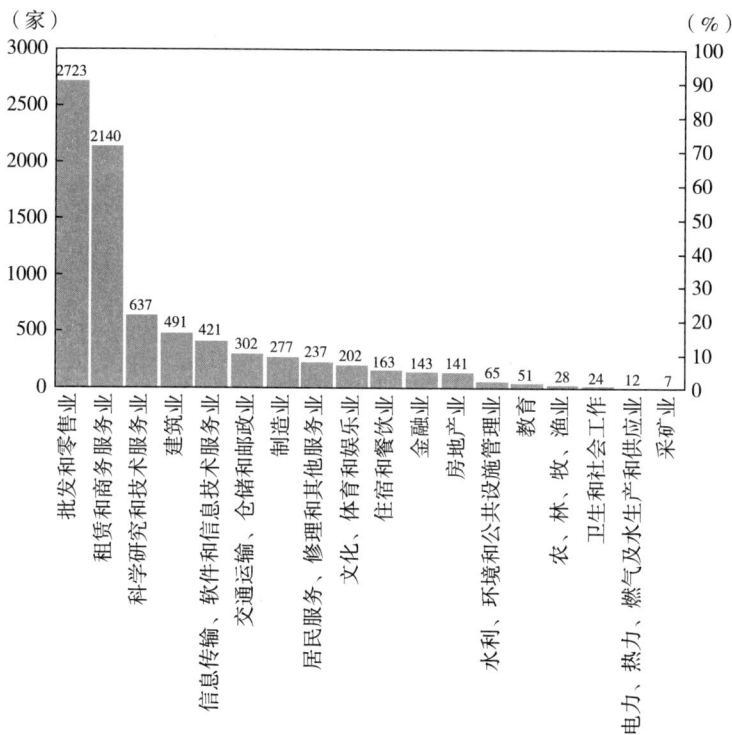

图 4-16　浙江自贸试验区分行业企业数量

---

① 由于数据资料限制，未统计 2020 年浙江扩容新增的 3 个片区。

（%）

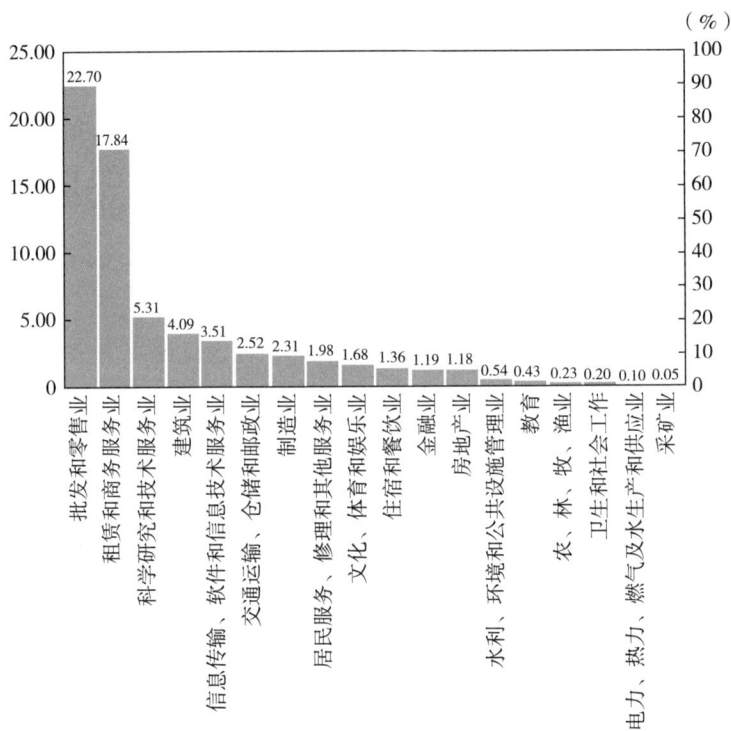

图4-17 浙江自贸试验区企业分行业经济密度

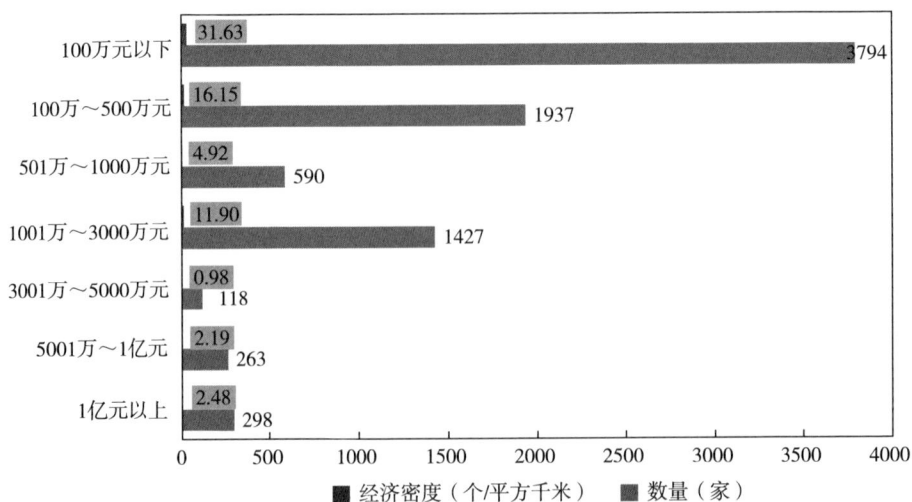

■ 经济密度（个/平方千米）　■ 数量（家）

图4-18 浙江自贸试验区企业注册资本

（七）河南自贸试验区

截至 2021 年底，河南自贸试验区市场主体达到 130396 户。其中包括个体工商户 26962 个，企业 103434 家；国有企业 186 家，民营企业 103248 家。从行业分布来看，占比最高前五个行业依次是批发和零售业，租赁和商务服务业，科学研究和技术服务业，建筑业，信息传输、软件和信息技术服务业。从企业注册资本来看，注册资本在 500 万~1000 万元、1001 万~3000 万元、3001 万~5000 万元、5001 万~1 亿元、1 亿元以上的企业数量分别为 15622 家、16279 家、2073 家、4178 家、2619 家（见图 4-19~图 4-21）。

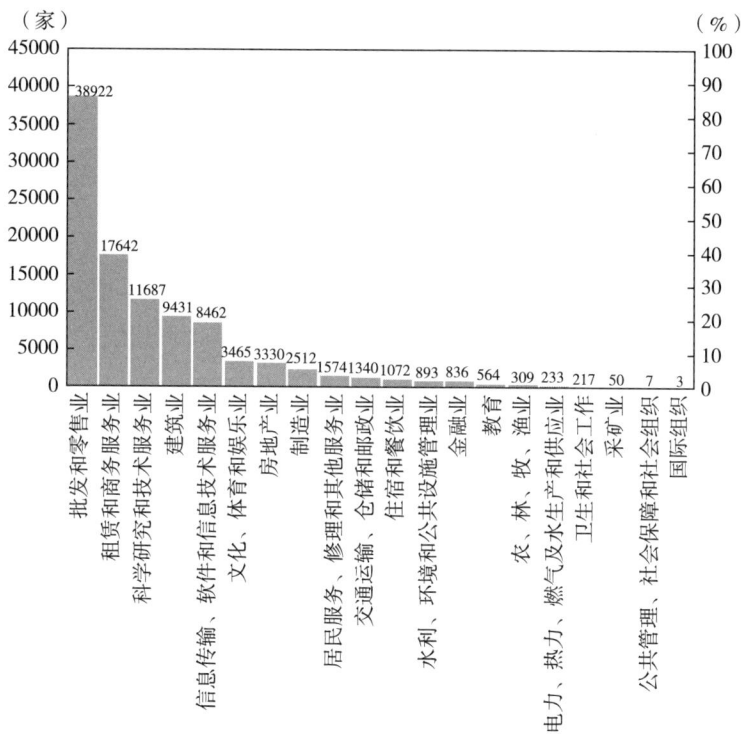

图 4-19 河南自贸试验区分行业企业数量

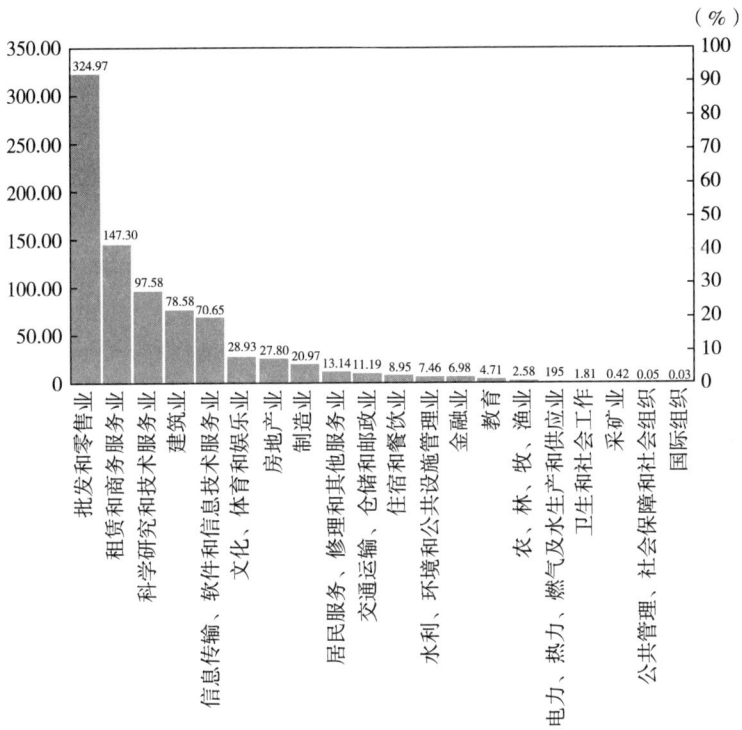

图4-20　河南自贸试验区企业分行业经济密度

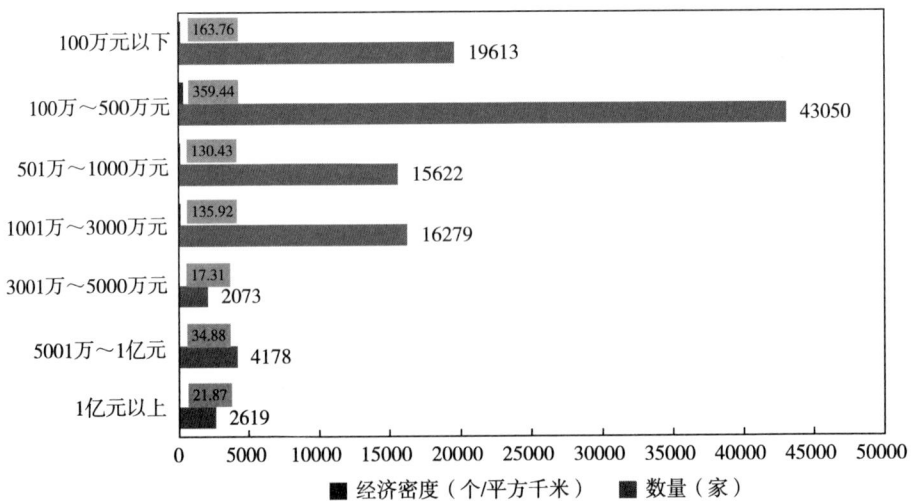

图4-21　河南自贸试验区企业注册资本

（八）湖北自贸试验区

截至 2021 年底，湖北自贸试验区市场主体达到 105225 户。其中包括个体工商户 30101 个，企业 75124 家；国有企业 141 家，民营企业 74983 家。从行业分布来看，占比最高前五个行业依次是批发和零售业，科学研究和技术服务业，租赁和商务服务业，信息传输、软件和信息技术服务业，建筑业。从企业注册资本来看，注册资本在 500 万~1000 万元、1001 万~3000 万元、3001 万~5000 万元、5001 万~1 亿元、1 亿元以上的企业数量分别为 9996 家、8254 家、909 家、1245 家、1087 家（见图 4-22~图 4-24）。

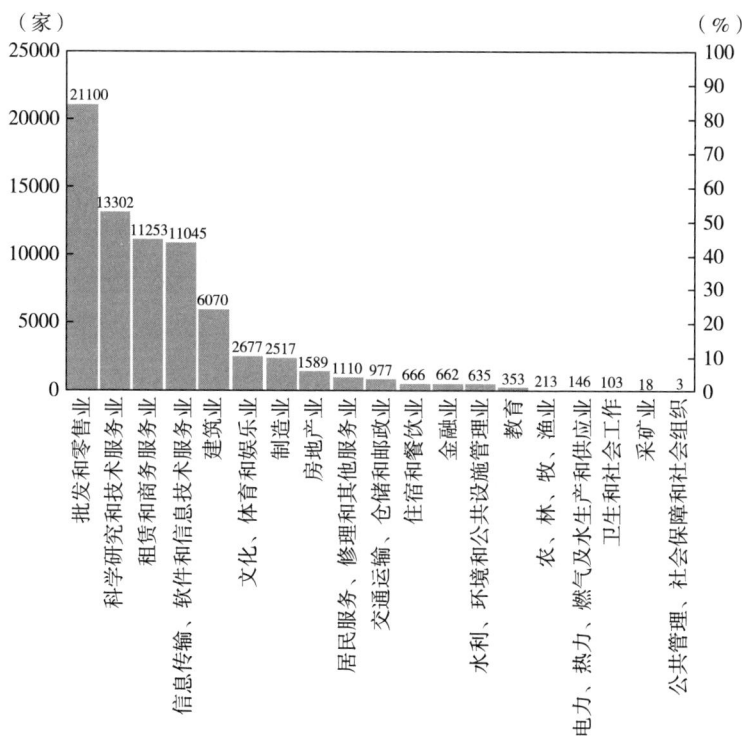

图 4-22 湖北自贸试验区分行业企业数量

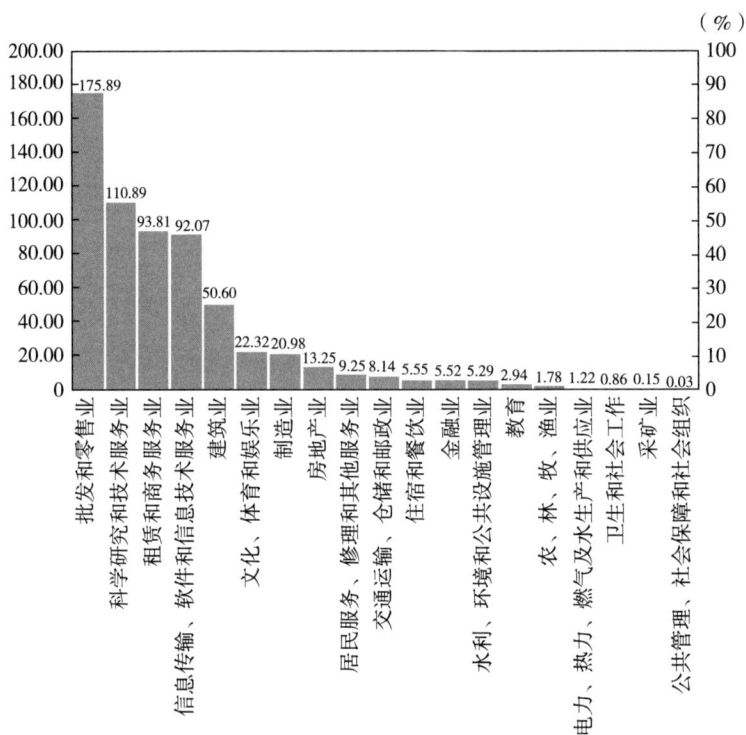

图 4-23 湖北自贸试验区企业分行业经济密度

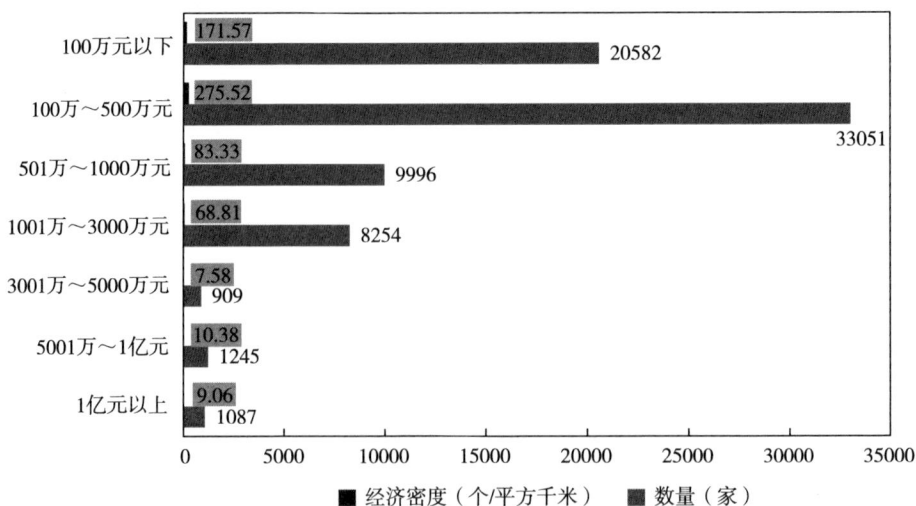

图 4-24 湖北自贸试验区企业注册资本

（九）重庆自贸试验区

截至 2021 年底，重庆自贸试验区市场主体达到 124001 户。其中包括个体工商户 53192 个，企业 70809 家；国有企业 150 家，民营企业 70659 家。从行业分布来看，占比最高前五个行业依次是批发和零售业，租赁和商务服务业，信息传输、软件和信息技术服务业，科学研究和技术服务业，建筑业。从企业注册资本来看，注册资本在 500 万~1000 万元、1001 万~3000 万元、3001 万~5000 万元、5001 万~1 亿元、1 亿元以上的企业数量分别为 7935 家、8030 家、999 家、1556 家、1640 家（见图 4-25~图 4-27）。

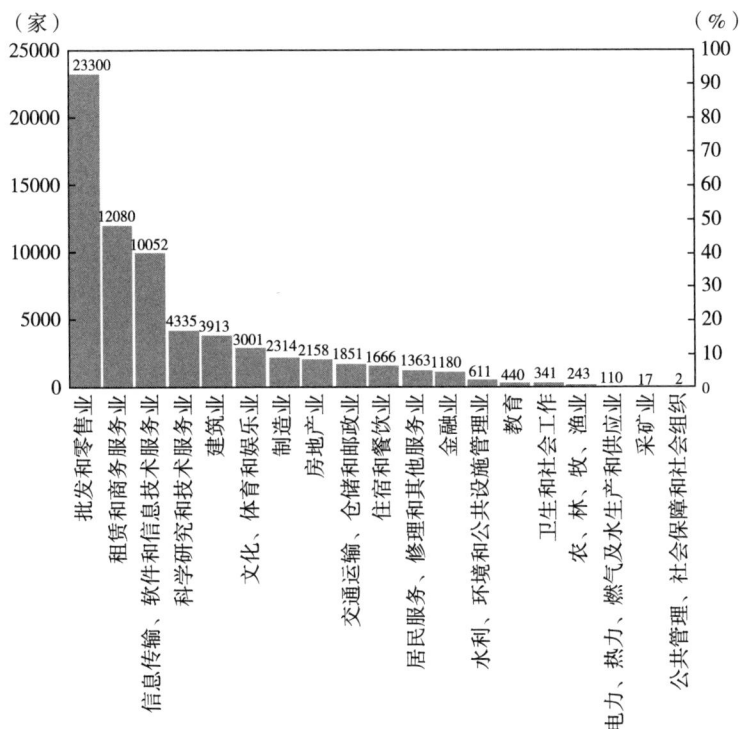

图 4-25　重庆自贸试验区分行业企业数量

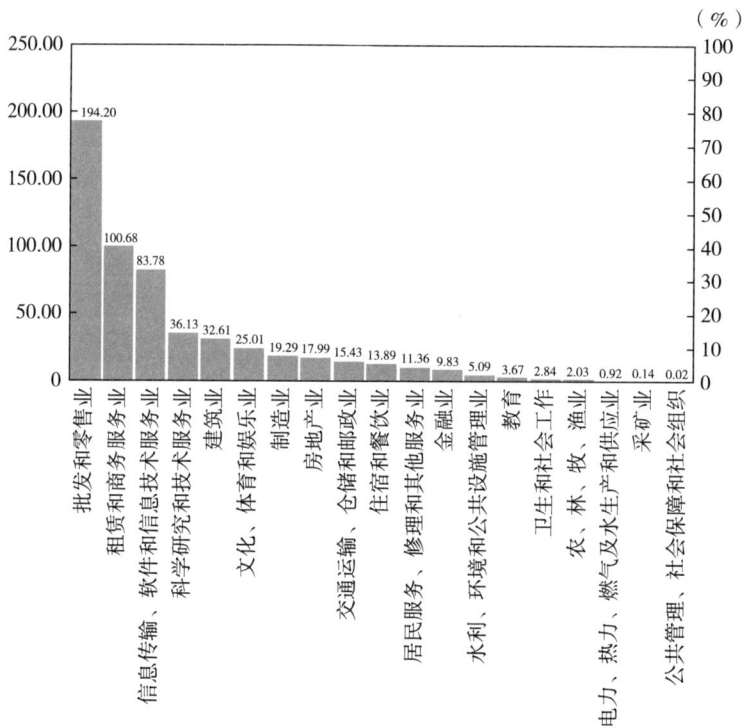

图4-26　重庆自贸试验区企业分行业经济密度

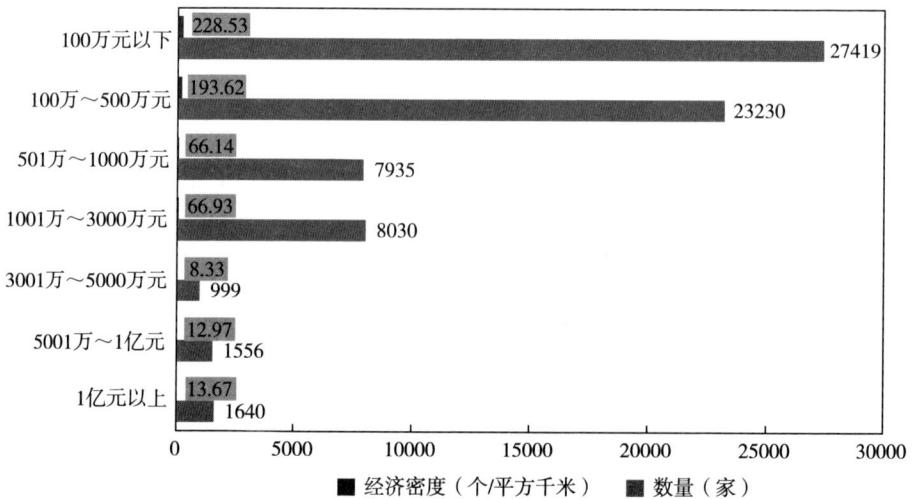

■ 经济密度（个/平方千米）　　■ 数量（家）

图4-27　重庆自贸试验区企业注册资本

（十）四川自贸试验区

截至 2021 年底，四川自贸试验区市场主体达到 94382 户。其中包括个体工商户 32240 个，企业 62142 家；国有企业 94 家，民营企业 62048 家。从行业分布来看，占比最高前五个行业依次是批发和零售业，租赁和商务服务业，科学研究和技术服务业，信息传输、软件和信息技术服务业，建筑业。从企业注册资本来看，注册资本在 500 万~1000 万元、1001 万~3000 万元、3001 万~5000 万元、5001 万~1 亿元、1 亿元以上的企业数量分别为 5013 家、5746 家、519 家、1312 家、899 家（见图 4-28~图 4-30）。

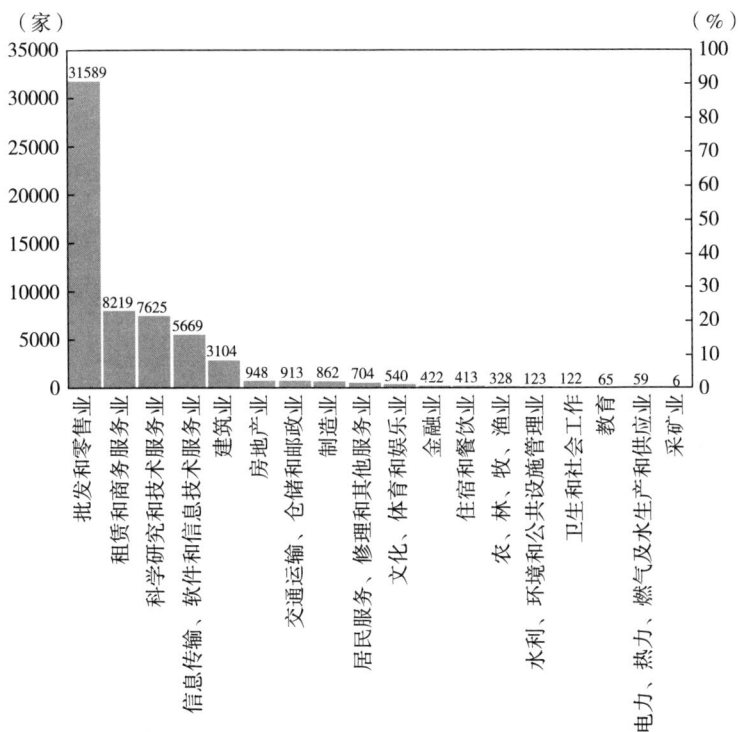

图 4-28 四川自贸试验区分行业企业数量

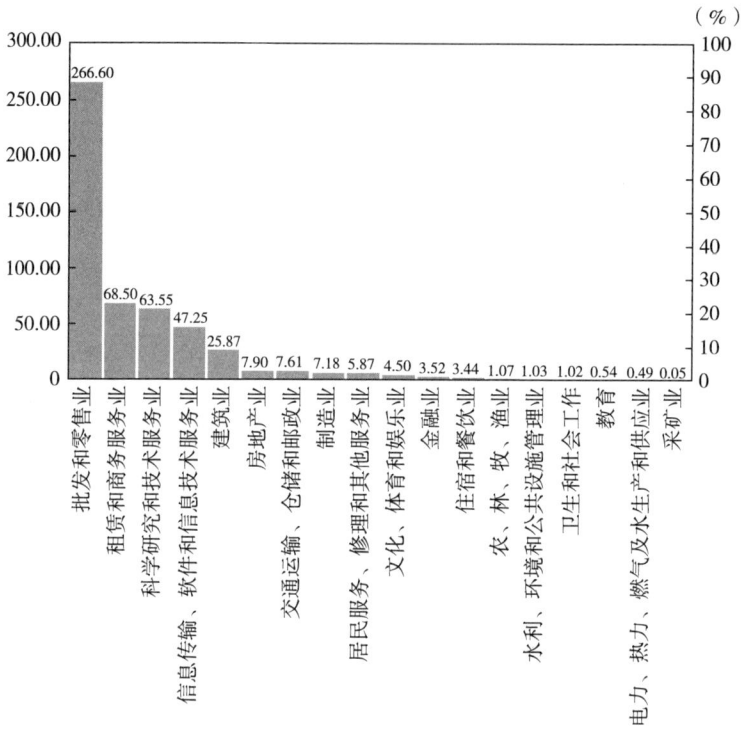

图4-29　四川自贸试验区企业分行业经济密度

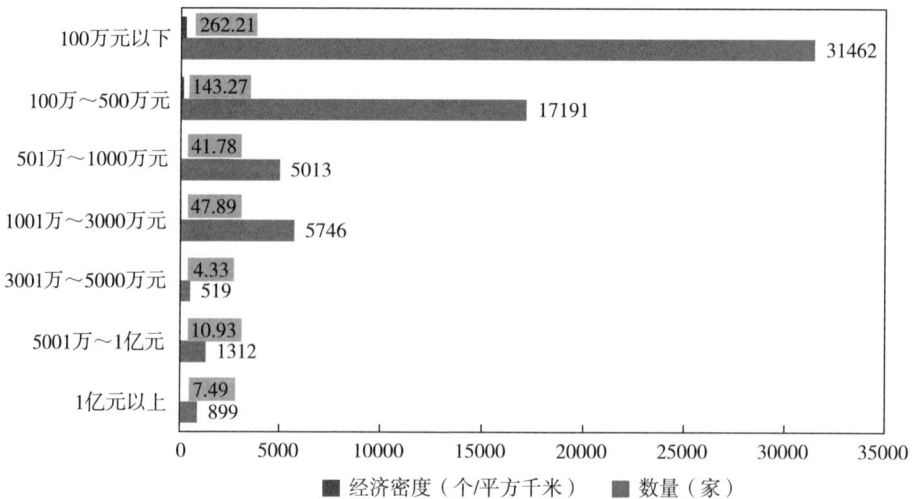

图4-30　四川自贸试验区企业注册资本

（十一）陕西自贸试验区

截至 2021 年底，陕西自贸试验区市场主体达到 202165 户。其中包括个体工商户 111356 个，企业 90809 家；国有企业 252 家，民营企业 90557 家。从行业分布来看，占比最高前五个行业依次是批发和零售业，租赁和商务服务业，信息传输、软件和信息技术服务业，建筑业，科学研究和技术服务业。从企业注册资本来看，注册资本在 500 万~1000 万元、1001 万~3000 万元、3001 万~5000 万元、5001 万~1 亿元、1 亿元以上的企业数量分别为 15911 家、16406 家、1990 家、3181 家、2174 家（见图 4-31~图 4-33）。

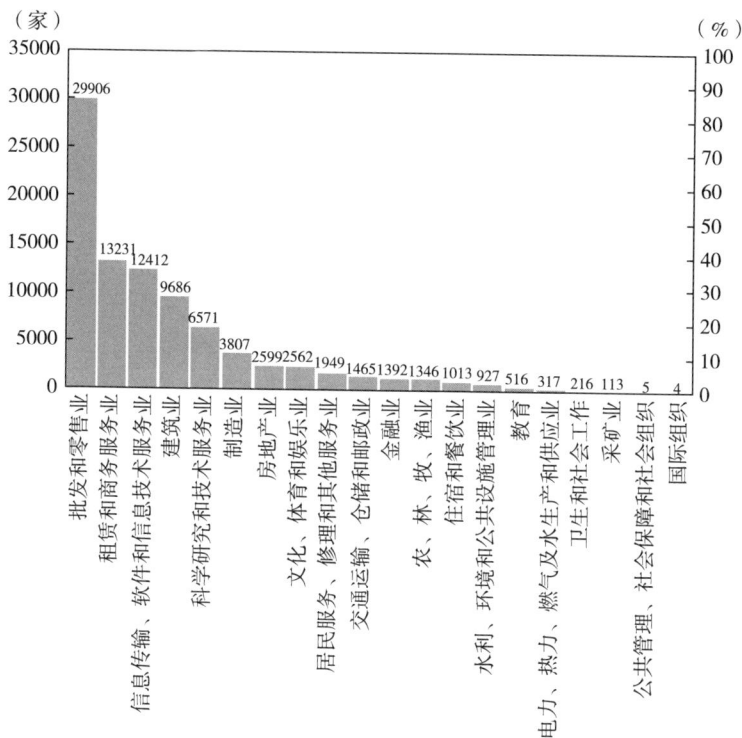

图 4-31　陕西自贸试验区分行业企业数量

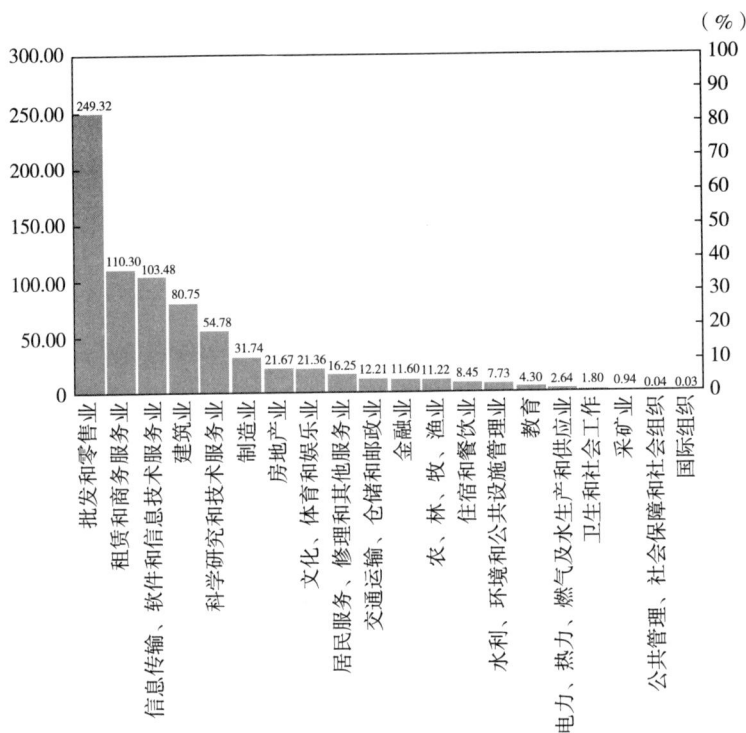

图4-32 陕西自贸试验区企业分行业经济密度

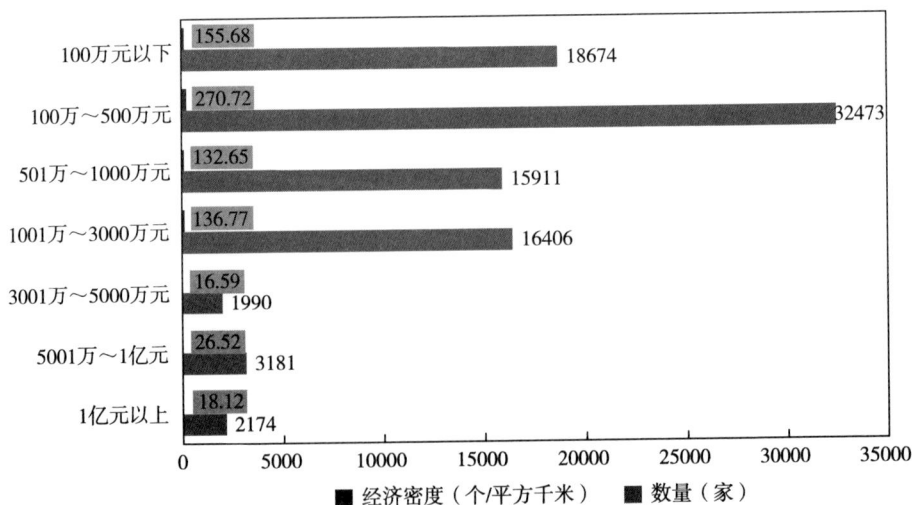

图4-33 陕西自贸试验区企业注册资本

（十二）海南自贸试验区

截至 2021 年底，海南自贸试验区市场主体达到 1165521 户。其中包括个体工商户 682353 个，企业 483168 家；国有企业 1906 家，民营企业 481262 家。从行业分布来看，占比最高前五个行业依次是批发和零售业，租赁和商务服务业，信息传输、软件和信息技术服务业，建筑业，房地产业。从企业注册资本来看，注册资本在 500 万~1000 万元、1001 万~3000 万元、3001 万~5000 万元、5001 万~1 亿元、1 亿元以上的企业数量分别为 54615 家、73758 家、5741 家、10797 家、7922 家（见图 4-34~图 4-36）。

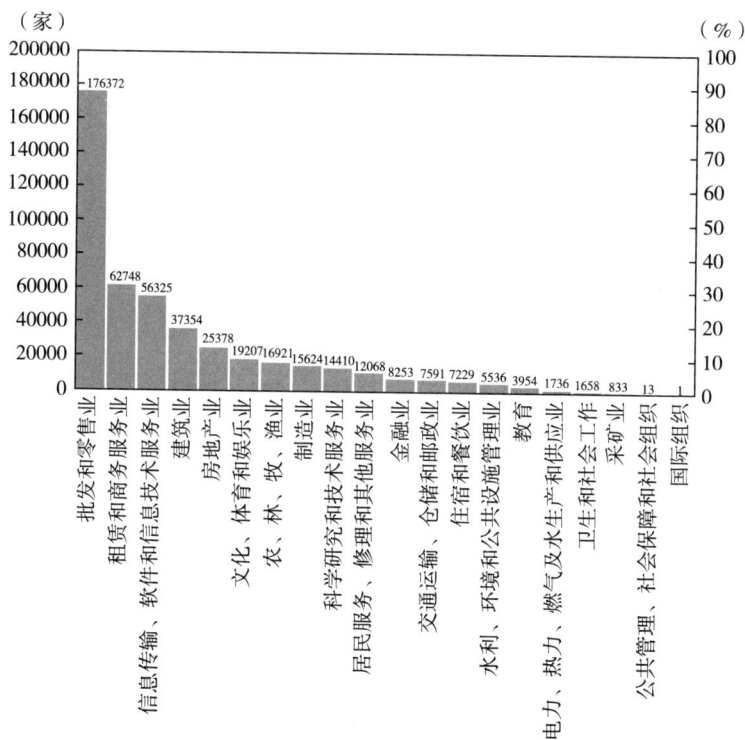

图 4-34　海南自贸试验区分行业企业数量

（%）

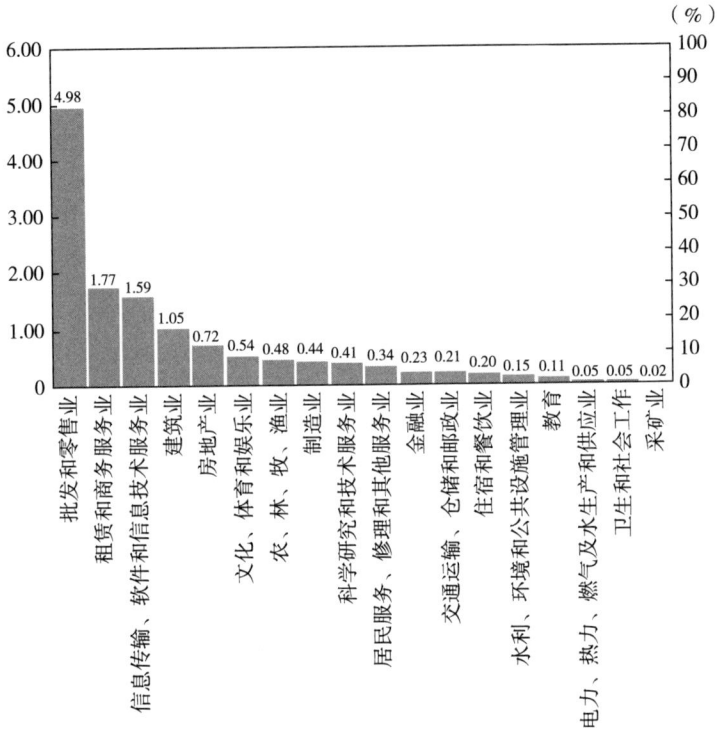

图4-35 海南自贸试验区企业分行业经济密度

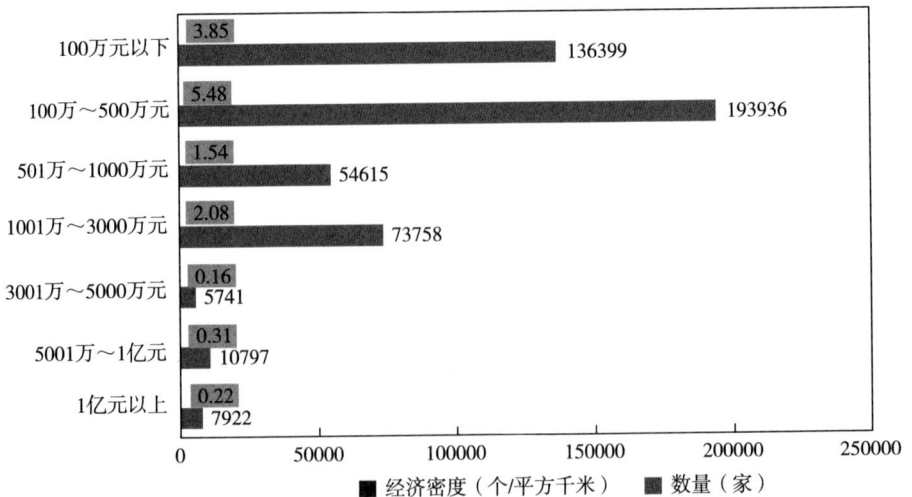

100万元以下 3.85 136399

100万～500万元 5.48 193936

501万～1000万元 1.54 54615

1001万～3000万元 2.08 73758

3001万～5000万元 0.16 5741

5001万～1亿元 0.31 10797

1亿元以上 0.22 7922

■ 经济密度（个/平方千米）　■ 数量（家）

图4-36 海南自贸试验区企业注册资本

（十三）山东自贸试验区

截至 2021 年底，山东自贸试验区市场主体达到 144265 户。其中包括个体工商户 41112 个，企业 103153 家；国有企业 268 家，民营企业 102885 家。从行业分布来看，占比最高前五个行业依次是批发和零售业，租赁和商务服务业，信息传输、软件和信息技术服务业，科学研究和技术服务业，建筑业。从企业注册资本来看，注册资本在 500 万 ~ 1000 万元、1001 万 ~ 3000 万元、3001 万 ~ 5000 万元、5001 万 ~ 1 亿元、1 亿元以上的企业数量分别为 14628 家、15059 家、1942 家、3513 家、2823 家（见图 4-37 ~ 图 4-39）。

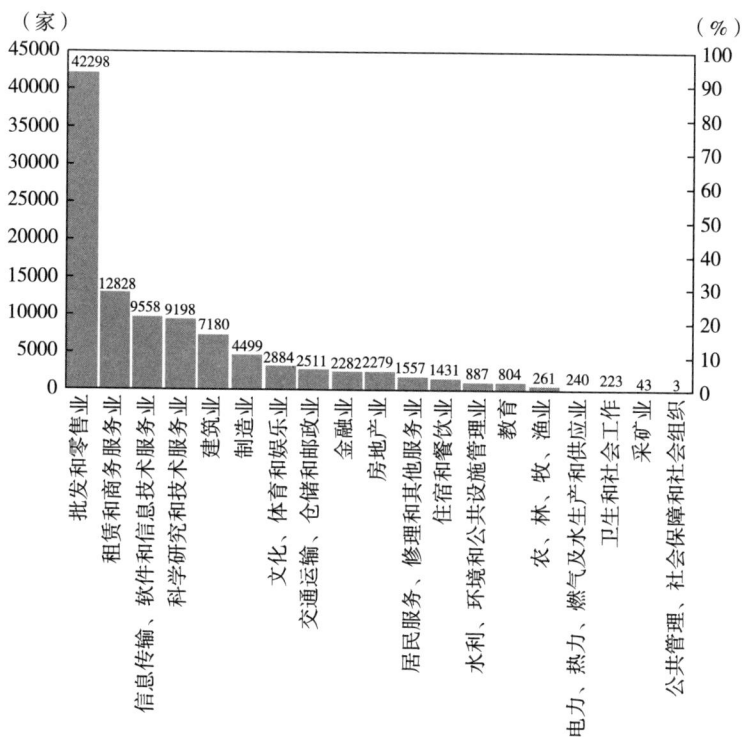

图 4-37　山东自贸试验区分行业企业数量

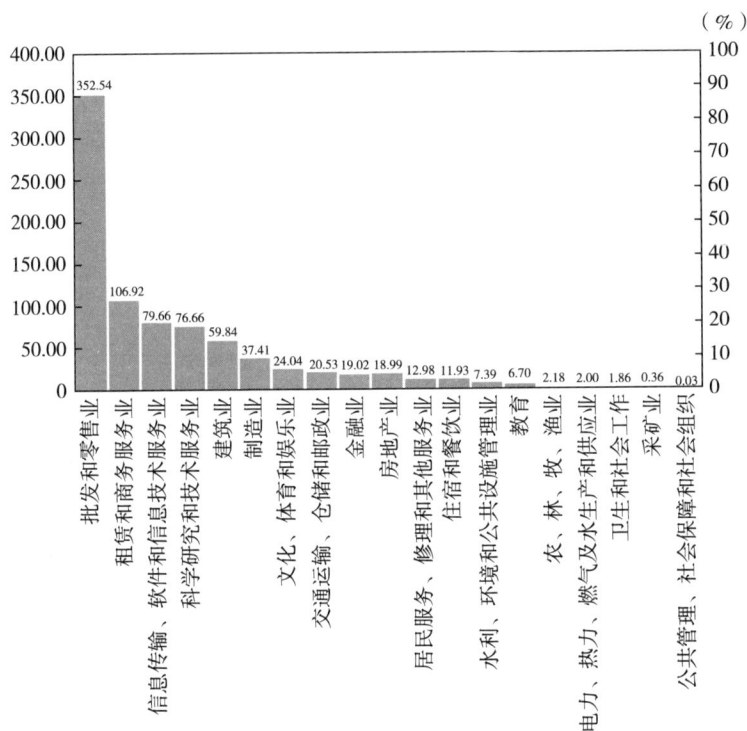

图4-38 山东自贸试验区企业分行业经济密度

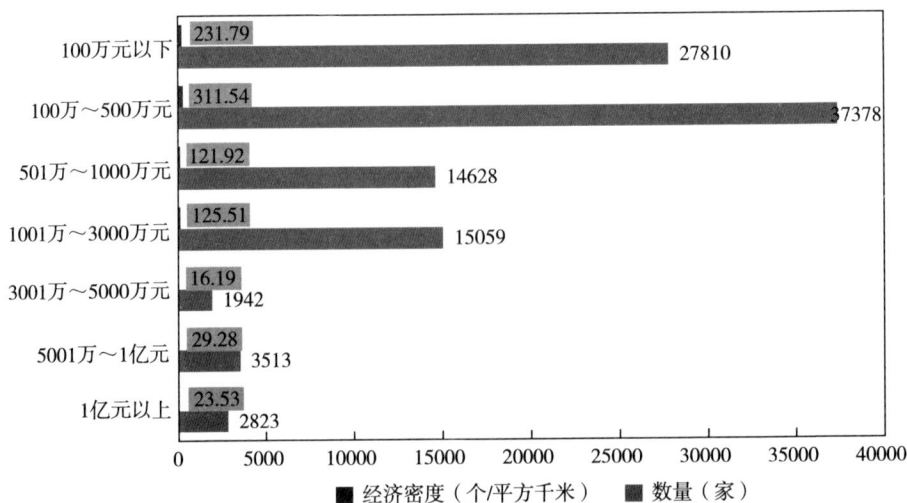

图4-39 山东自贸试验区企业注册资本

（十四）江苏自贸试验区

截至 2021 年底，江苏自贸试验区市场主体达到 75906 户。其中包括个体工商户 22371 个，企业 53535 家；国有企业 36 家，民营企业 53499 家。从行业分布来看，占比最高前五个行业依次是批发和零售业，租赁和商务服务业，科学研究和技术服务业，信息传输、软件和信息技术服务业，建筑业。从企业注册资本来看，注册资本在 500 万~1000 万元、1001 万~3000 万元、3001 万~5000 万元、5001 万~1 亿元、1 亿元以上的企业数量分别为 7411 家、7766 家、745 家、988 家、1367 家（见图 4-40~图 4-42）。

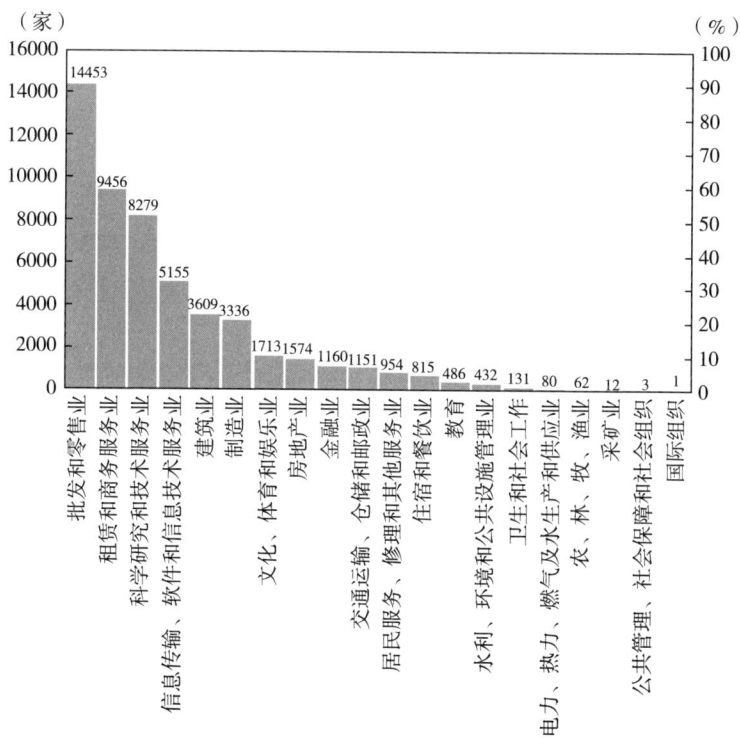

图 4-40　江苏自贸试验区分行业企业数量

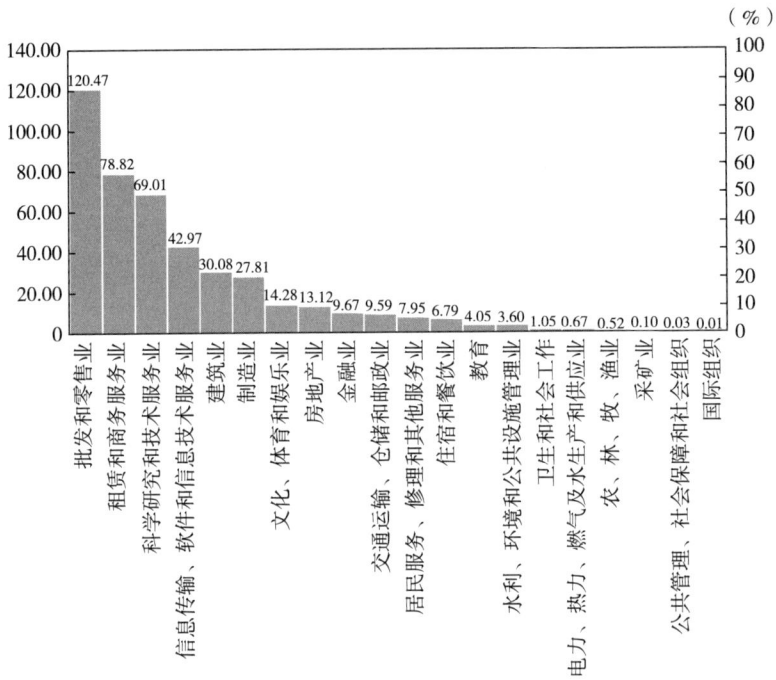

图4-41 江苏自贸试验区企业分行业经济密度

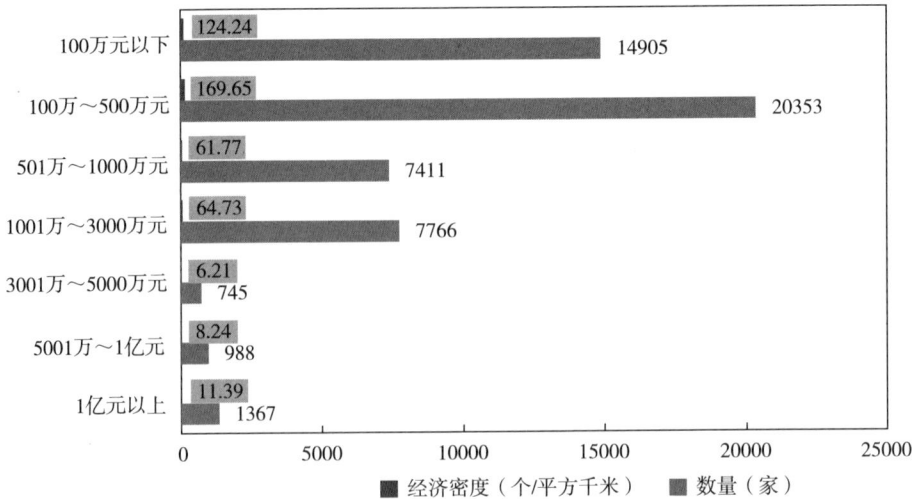

图4-42 江苏自贸试验区企业注册资本

（十五）广西自贸试验区

截至 2021 年底，广西自贸试验区市场主体达到 65129 户。其中包括个体工商户 17599 个，企业 47530 家；国有企业 92 家，民营企业 47438 家。从行业分布来看，占比最高前五个行业依次是批发和零售业，租赁和商务服务业，信息传输、软件和信息技术服务业，科学研究和技术服务业，建筑业。从企业注册资本来看，注册资本在 500 万~1000 万元、1001 万~3000 万元、3001 万~5000 万元、5001 万~1 亿元、1 亿元以上的企业数量分别为 4925 家、5073 家、726 家、1765 家、940 家（见图 4-43~图 4-45）。

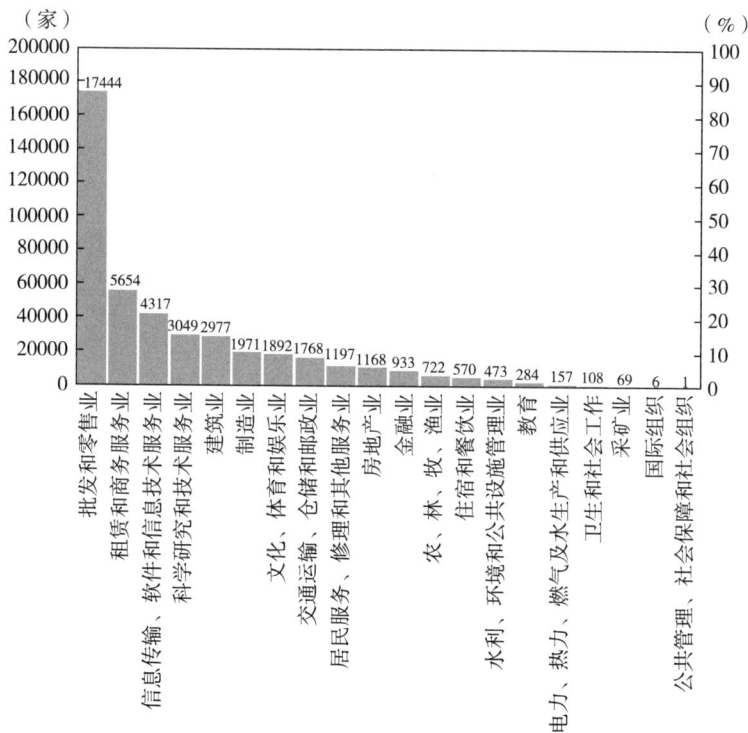

图 4-43　广西自贸试验区分行业企业数量

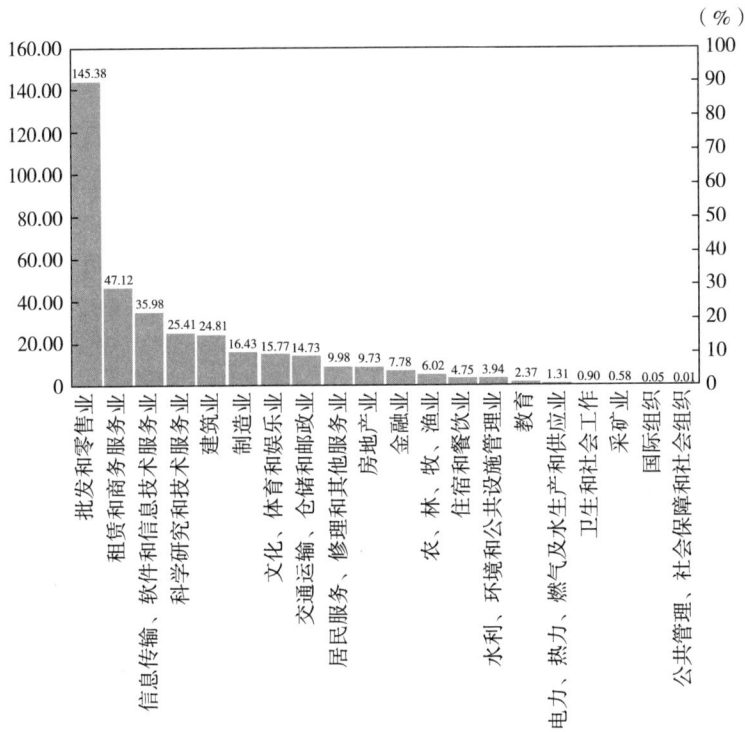

图 4-44　广西自贸试验区企业分行业经济密度

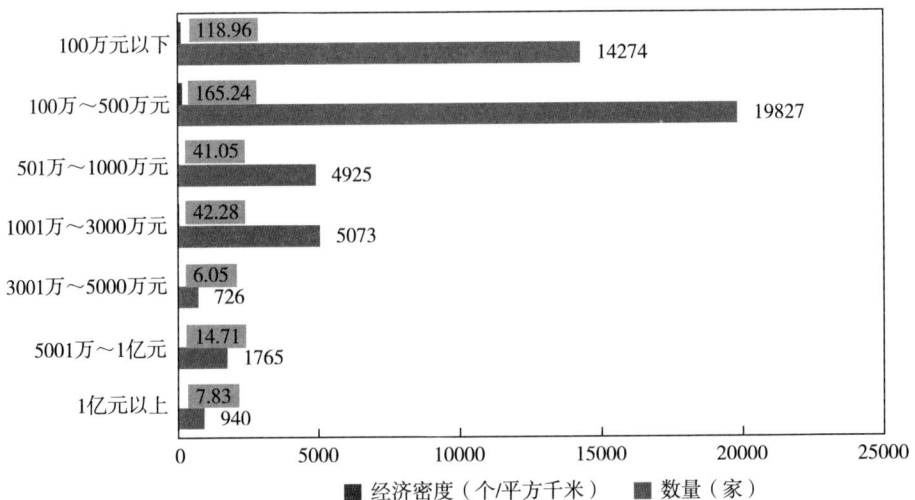

图 4-45　广西自贸试验区企业注册资本

（十六）河北自贸试验区

截至 2021 年底，河北自贸试验区市场主体达到 14710 户。其中包括个体工商户 5556 个，企业 9154 家；国有企业 134 家，民营企业 9020 家。从行业分布来看，占比最高前五个行业依次是批发和零售业，租赁和商务服务业，科学研究和信息技术服务业，建筑业，交通运输、仓储和邮政业。从企业注册资本来看，注册资本在 500 万~1000 万元、1001 万~3000 万元、3001 万~5000 万元、5001 万~1 亿元、1 亿元以上的企业数量分别为 1383 家、1432 家、218 家、413 家、485 家（见图 4-46~图 4-48）。

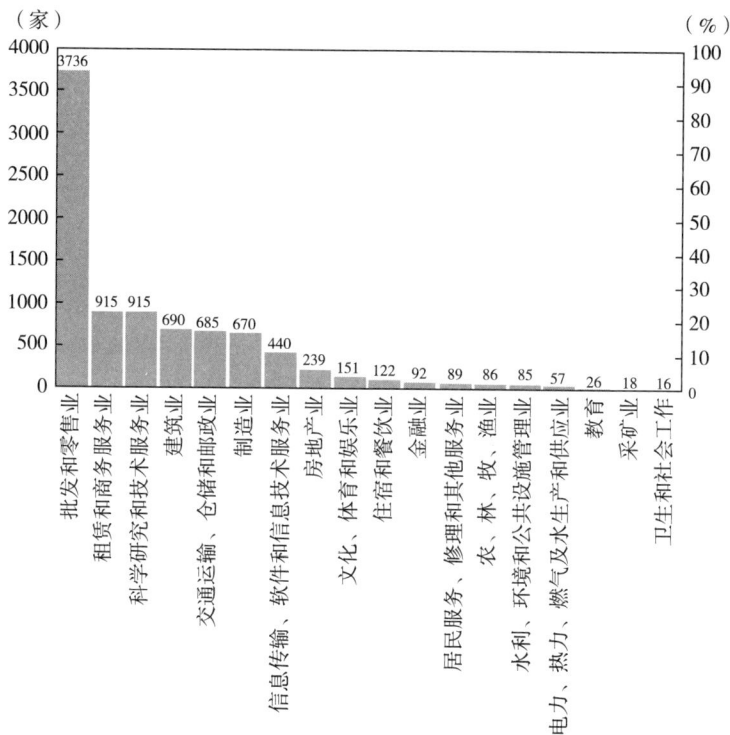

图 4-46 河北自贸试验区分行业企业数量

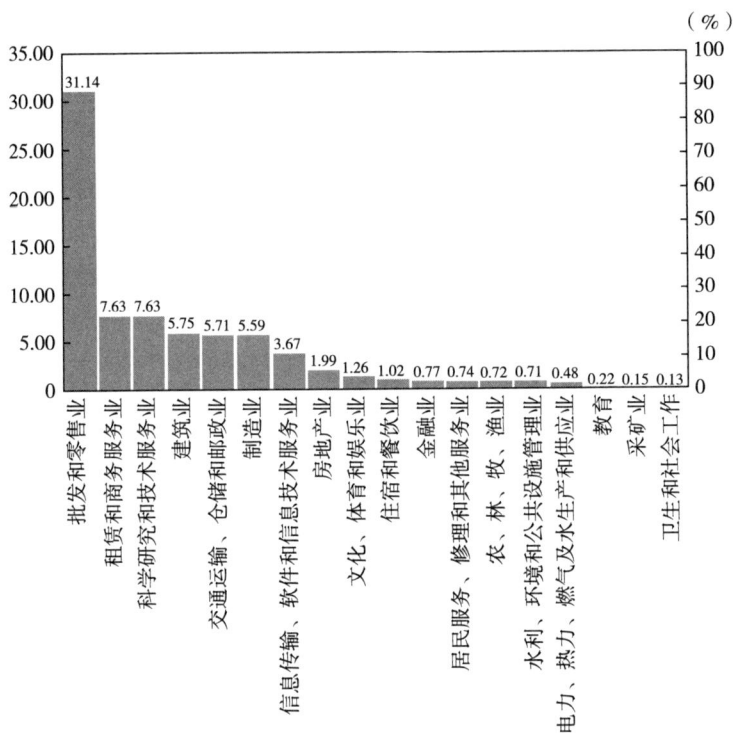

图4-47 河北自贸试验区企业分行业经济密度

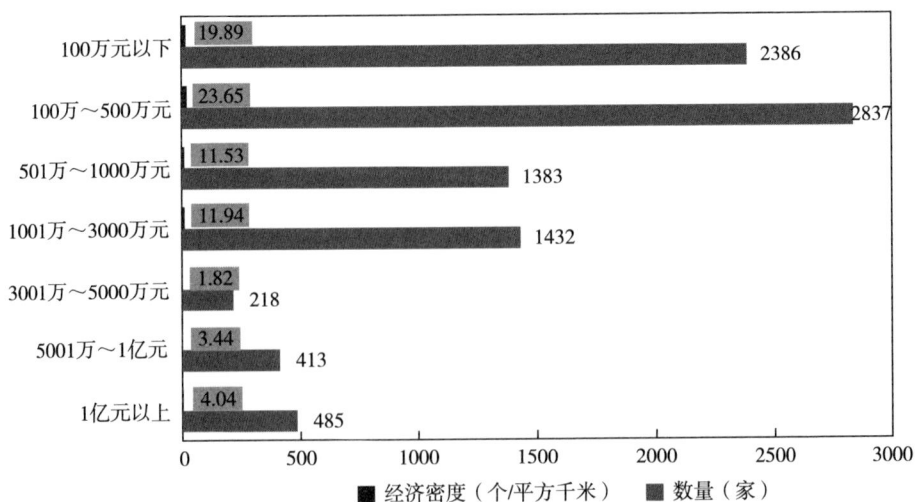

图4-48 河北自贸试验区企业注册资本

（十七）云南自贸试验区

截至 2021 年底，云南自贸试验区市场主体达到 227823 户。其中包括个体工商户 134284 个，企业 93539 家；国有企业 452 家，民营企业 93087 家。2020 年，云南自贸试验区新设企业 17874 家，占全省新设企业数的 13.2%。[①] 从行业分布来看，占比最高前五个行业依次是批发和零售业，租赁和商务服务业，建筑业，信息传输、软件和信息技术服务业，科学研究和技术服务业。从企业注册资本来看，注册资本在 500 万～1000 万元、1001 万～3000 万元、3001 万～5000 万元、5001 万～1 亿元、1 亿元以上的企业数量分别为 10435 家、10069 家、1020 家、1588 家、1141 家（见图 4-49～图 4-51）。

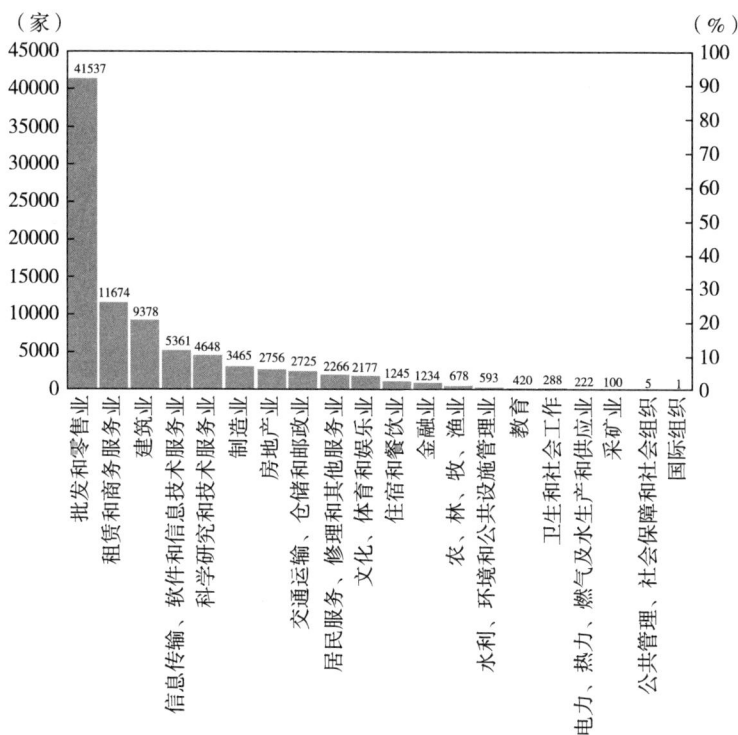

图 4-49　云南自贸试验区分行业企业数量

① 徐前．云南：优化营商环境　提升发展质量［EB/OL］．（2021-09-06）［2022-07-25］．http：//yn. people. com. cn/n2/2021/0906/c378439-34900204. html.

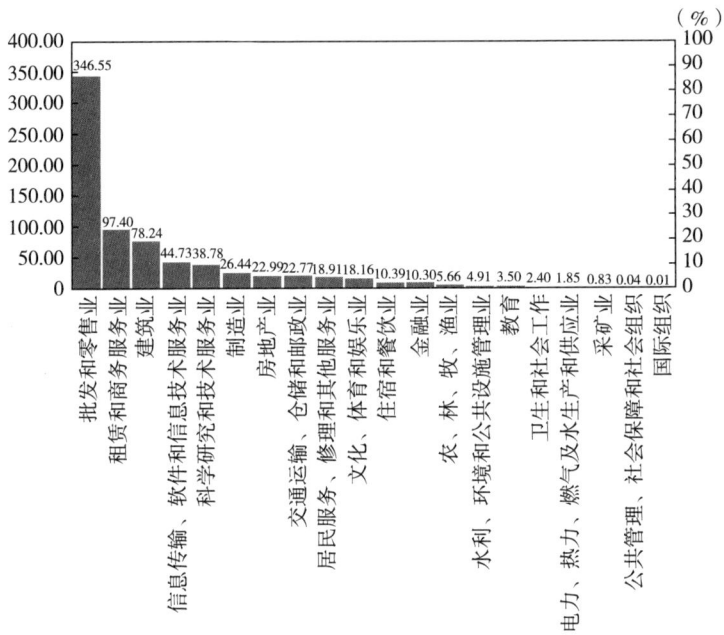

图 4-50　云南自贸试验区企业分行业经济密度

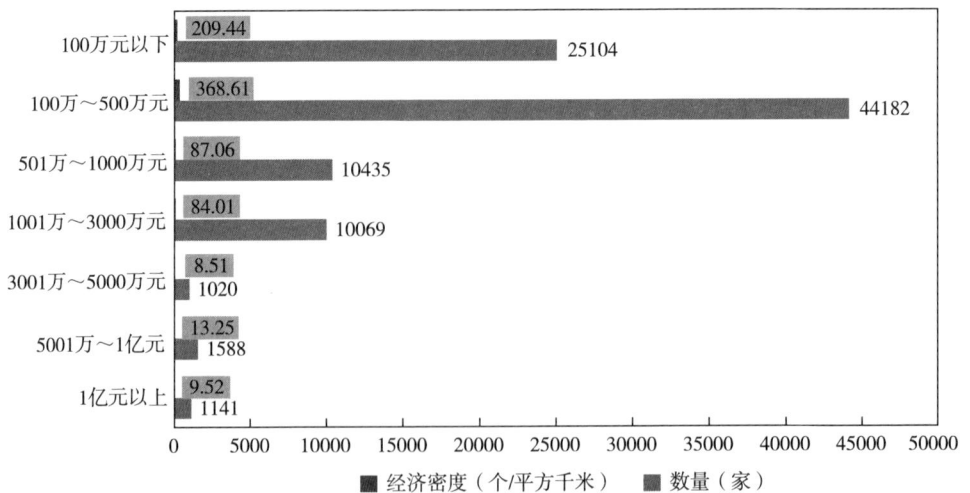

图 4-51　云南自贸试验区企业注册资本

（十八）黑龙江自贸试验区

截至 2021 年底，黑龙江自贸试验区市场主体达到 60433 户。其中包括个体工商户 34063 个，企业 26370 家；国有企业 3077 家，民营企业 23293 家。从行业分布来看，占比最高前五个行业依次是批发和零售业，科学研究和技术服务业，租赁和商务服务业，建筑业，信息传输、软件和信息技术服务业。从企业注册资本来看，注册资本在 500 万~1000 万元、1001 万~3000 万元、3001 万~5000 万元、5001 万~1 亿元、1 亿元以上的企业数量分别为 3056 家、3225 家、472 家、685 家、560 家（见图 4-52~图 4-54）。

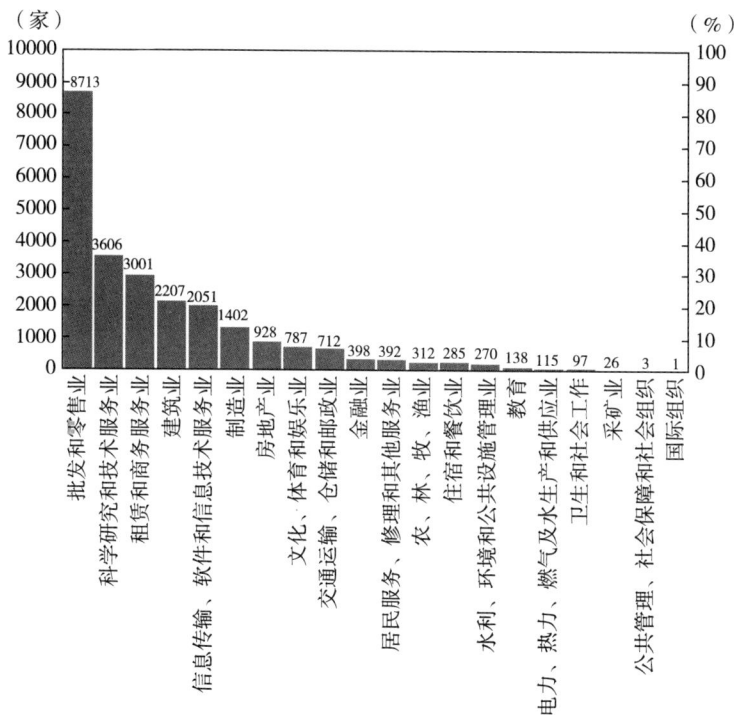

图 4-52　黑龙江自贸试验区分行业企业数量

（%）

80.00
70.00 72.70
60.00
50.00
40.00
30.00 30.09
25.04
20.00 18.41 17.11
11.70
10.00 7.74 6.57 5.94
3.32 3.27 2.60 2.38 2.25 1.15 0.96 0.81 0.22 0.03 0.01
0

批发和零售业
科学研究和技术服务业
租赁和商务服务业
建筑业
信息传输、软件和信息技术服务业
制造业
房地产业
文化、体育和娱乐业
交通运输、仓储和邮政业
金融业
居民服务、修理和其他服务业
农、林、牧、渔业
住宿和餐饮业
水利、环境和公共设施管理业
教育
电力、热力、燃气及水生产和供应业
卫生和社会工作
公共管理、社会保障和社会组织
采矿业
国际组织

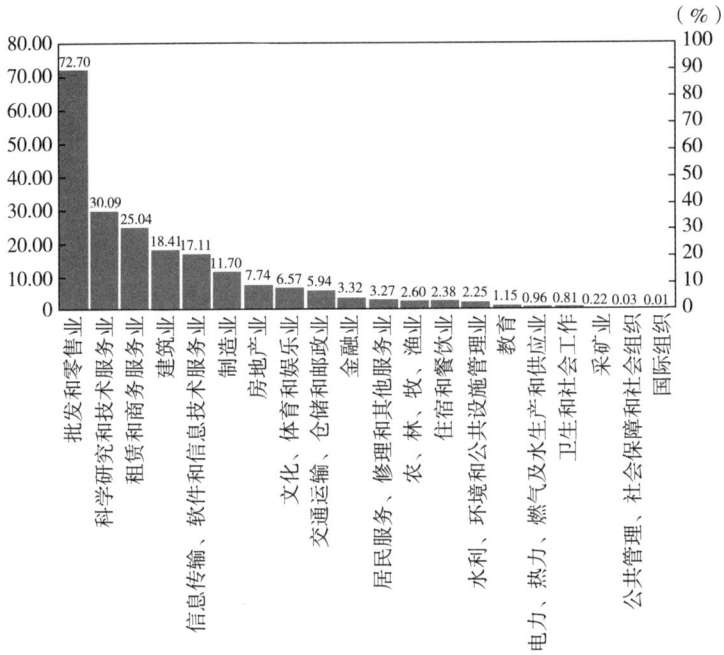

图 4-53 黑龙江自贸试验区企业分行业经济密度

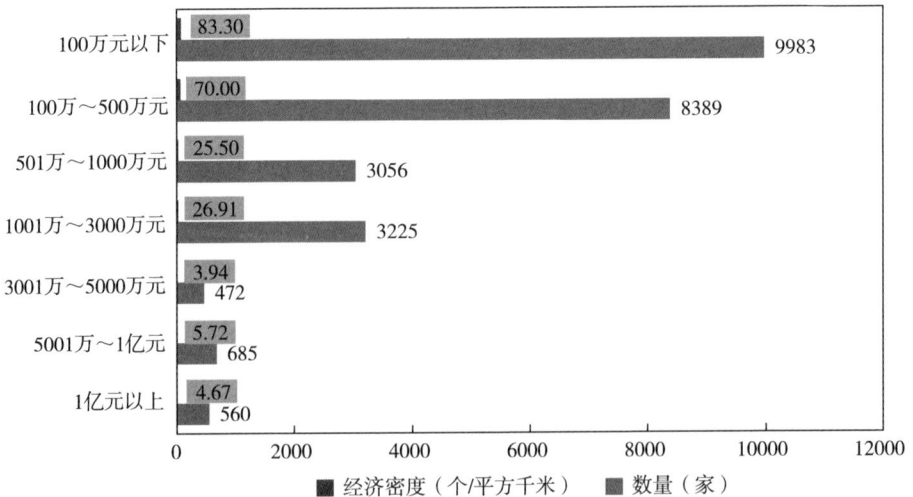

注册资本	经济密度	数量
100万元以下	83.30	9983
100万～500万元	70.00	8389
501万～1000万元	25.50	3056
1001万～3000万元	26.91	3225
3001万～5000万元	3.94	472
5001万～1亿元	5.72	685
1亿元以上	4.67	560

■ 经济密度（个/平方千米）　　■ 数量（家）

图 4-54 黑龙江自贸试验区企业注册资本

（十九）湖南自贸试验区

截至 2021 年底，湖南自贸试验区市场主体达到 57232 户。其中包括个体工商户 34021 个，企业 23211 家；国有企业 35 家，民营企业 23176 家。从行业分布来看，占比最高前五个行业依次是批发和零售业，租赁和商务服务业，科学研究和技术服务业，制造业，建筑业。从企业注册资本来看，注册资本在 500 万~1000 万元、1001 万~3000 万元、3001 万~5000 万元、5001 万~1 亿元、1 亿元以上的企业数量分别为 2867 家、2470 家、375 家、531 家、357 家（见图 4-55~图 4-57）。

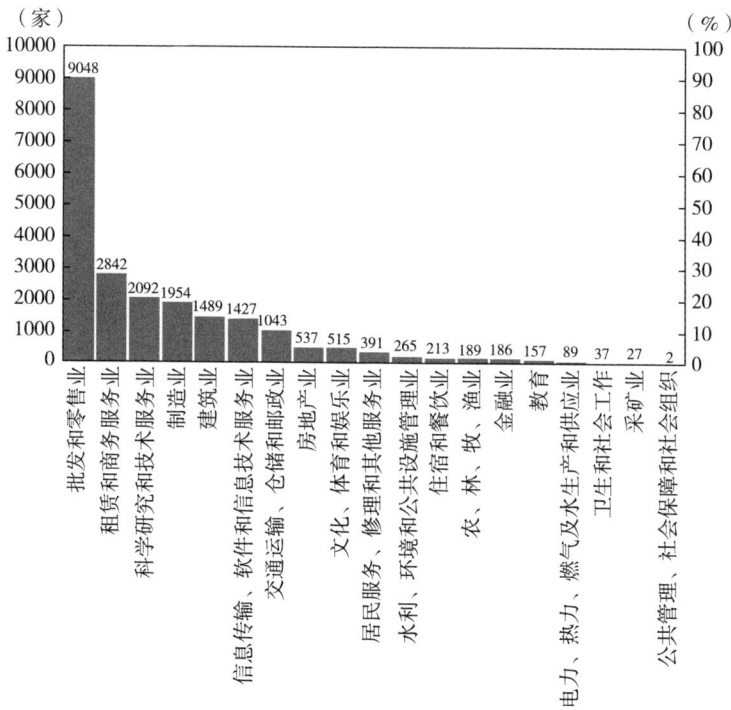

图 4-55　湖南自贸试验区分行业企业数量

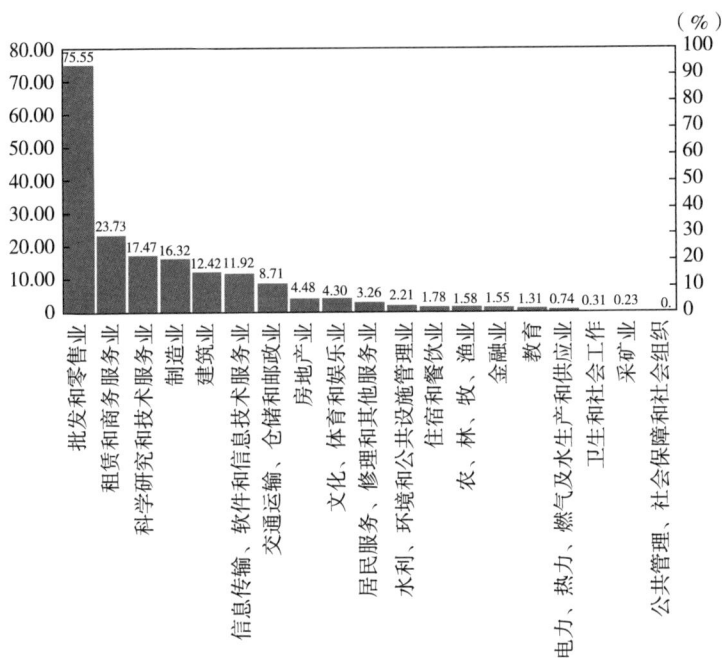

图 4-56　湖南自贸试验区企业分行业经济密度

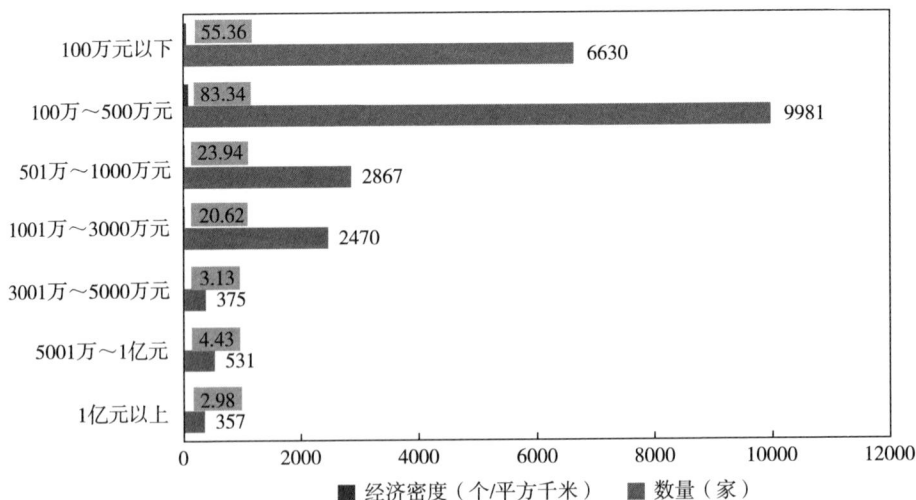

■ 经济密度（个/平方千米）　　■ 数量（家）

图 4-57　湖南自贸试验区企业注册资本

（二十）北京自贸试验区

截至 2021 年底，北京自贸试验区市场主体达到 138753 户。其中包括个体工商户 9608 个，企业 129145 家；国有企业 158 家，民营企业 128987 家。从行业分布来看，占比最高前五个行业依次是科学研究和信息技术服务业，租赁和商务服务业，批发和零售业，文化、体育和娱乐业，建筑业。从企业注册资本来看，注册资本在 500 万 ~1000 万元、1001 万 ~3000 万元、3001 万 ~5000 万元、5001 万 ~1 亿元、1 亿元以上的企业数量分别为 18128 家、19680 家、2412 家、5513 家、4009 家（见图 4-58~图 4-60）。

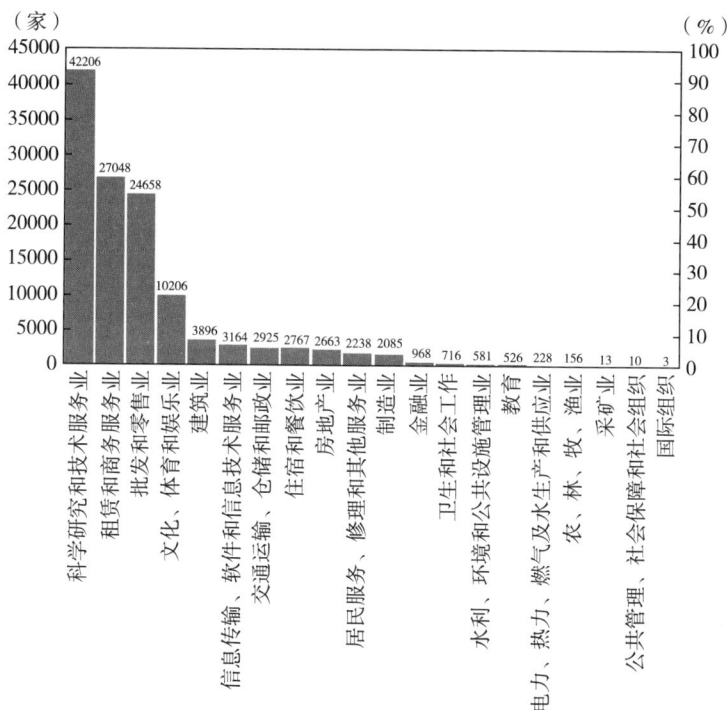

图 4-58 北京自贸试验区分行业企业数量

（%）

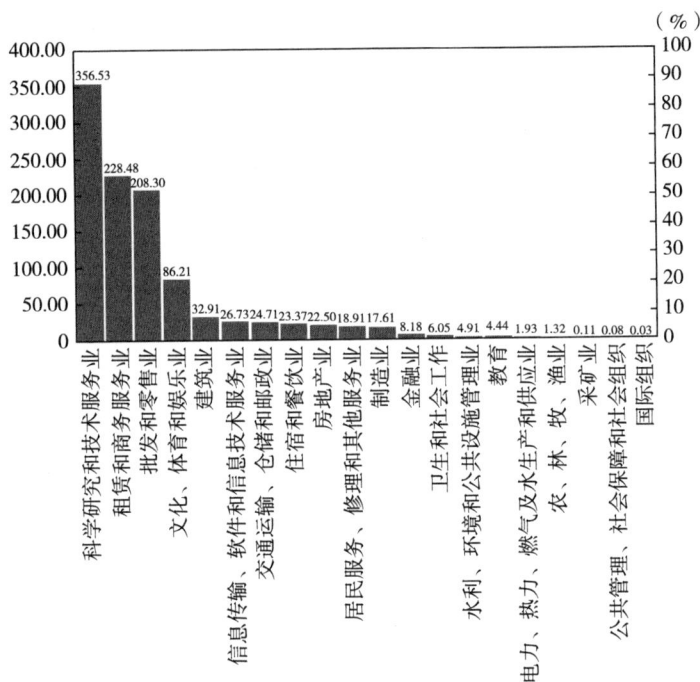

图4-59 北京自贸试验区企业分行业经济密度

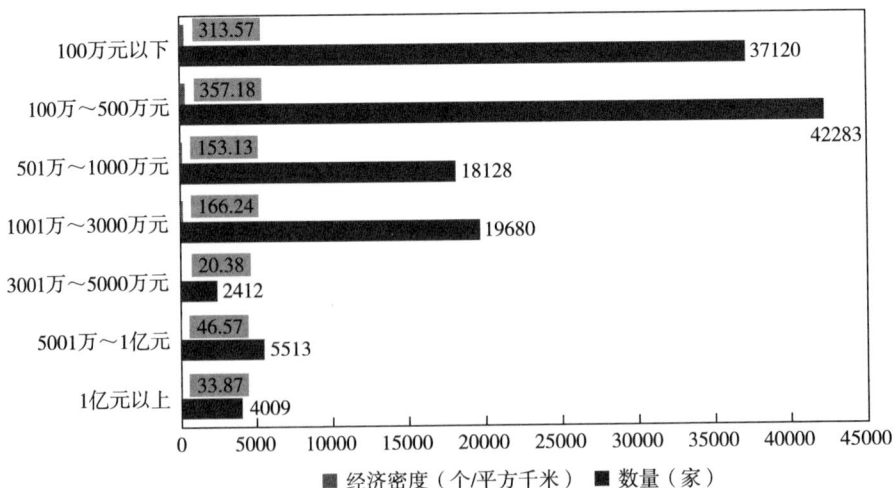

■ 经济密度（个/平方千米）　■ 数量（家）

图4-60 北京自贸试验区企业注册资本

（二十一）安徽自贸试验区

截至 2021 年底，安徽自贸试验区市场主体达到 74695 户。其中包括个体工商户 23331 个，企业 51364 家；国有企业 139 家，民营企业 51225 家。从行业分布来看，占比最高前五个行业依次是批发和零售业，租赁和商务服务业，信息传输、软件和信息技术服务业，科学研究和技术服务业，建筑业。从企业注册资本来看，注册资本在 500 万~1000 万元、1001 万~3000 万元、3001 万~5000 万元、5001 万~1 亿元、1 亿元以上的企业数量分别为 16211 家、6747 家、899 家、1259 家、885 家（见图 4-61~图 4-63）。

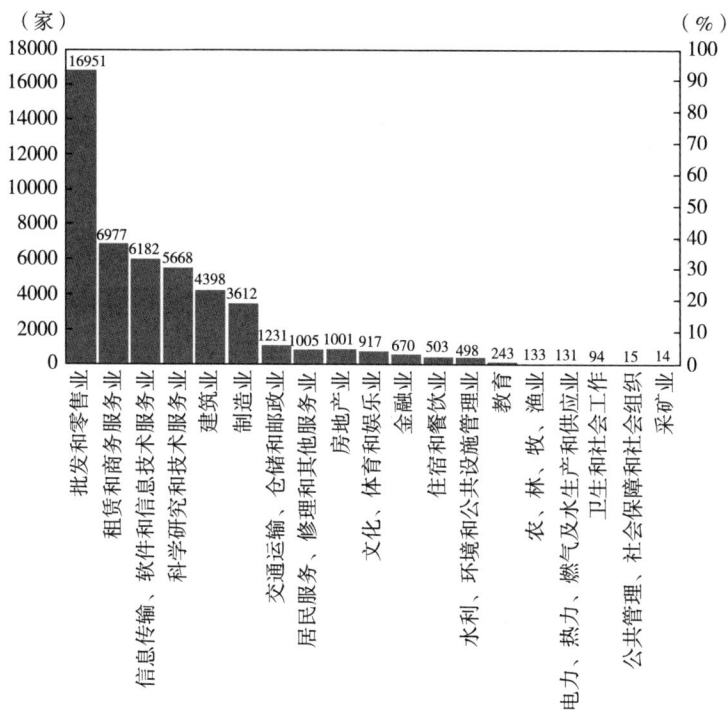

图 4-61 安徽自贸试验区分行业企业数量

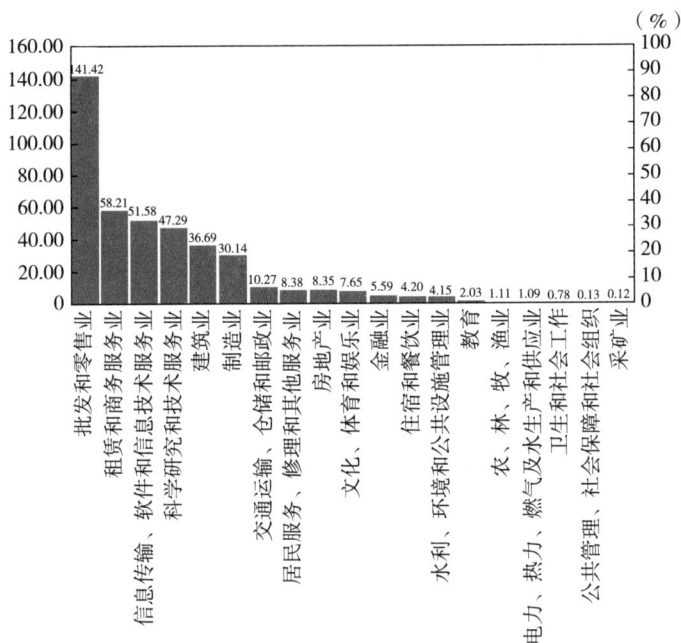

图 4-62　安徽自贸试验区企业分行业经济密度

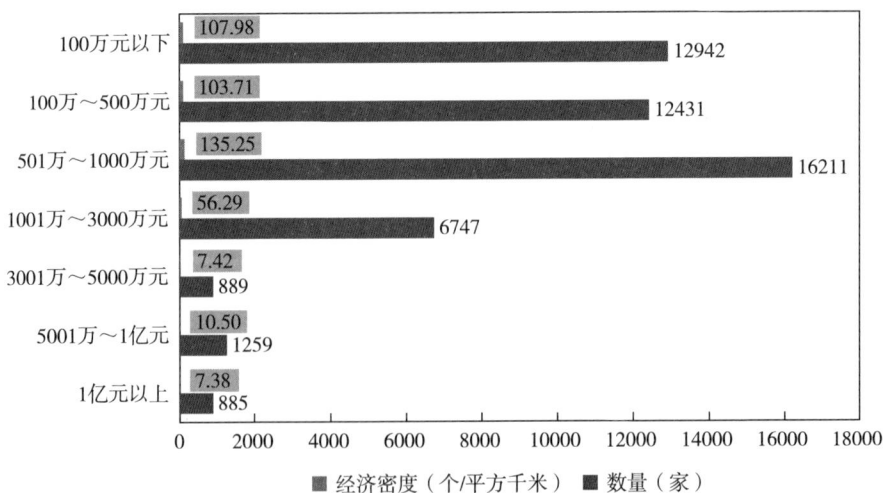

图 4-63　安徽自贸试验区企业注册资本

第五章 自由贸易试验区国际贸易

作为最高水平的开放平台,国际贸易是自贸试验区创新发展的应有之义。按照贸易理论,国际贸易规模和质量是国际贸易区位、区域产业基础、贸易成本的综合体现。自贸试验区的核心任务之一是要通过贸易便利化自由化,提高贸易规模,深化国际分工。受企业层面贸易数据只能到2016年的限制,近年来的数据只能体现省级层面的贸易规模,难以通过公开数据获得精确到自贸试验片区的贸易数据,本章通过分析自贸试验区所在省份的贸易情况,并整理试验区贸易数据,对自贸试验区贸易发展情况进行了比较分析。

一、自由贸易试验区所在省份国际贸易开放水平

(一) 进出口贸易情况

1. 2021年自由贸易试验区所在省份进出口额

根据国研网数据,广东省、江苏省、浙江省、上海市、北京市的进出口总额位居2021年自贸试验区所在省份进出口总额的前五。关于进出口差额方面,除上海市、北京市、天津市、辽宁省、黑龙江省、海南省的进口大于出口以外,其余省份或地区的出口额均超过进口额。2021年自贸试验区所在省份进出口情况如表5-1所示。

表 5-1　2021 年自贸试验区所在省份进出口情况　　　　单位：亿美元

省份	出口额	进口额	进出口总额	进出口差额（出口—进口）
广东	7057	4479	11535	2578
江苏	4530	2753	7283	1777
浙江	4215	1591	5807	2624
上海	2181	3484	5665	−1303
北京	858	3401	4259	−2542
山东	2449	1641	4090	808
福建	1520	1087	2607	434
四川	786	534	1321	252
天津	537	663	1200	−126
重庆	717	397	1114	320
河南	674	434	1108	241
辽宁	464	625	1088	−161
安徽	568	393	960	175
广西	422	422	844	0
湖南	587	248	835	339
湖北	484	265	749	219
河北	419	329	748	90
陕西	364	309	673	54
云南	228	194	422	33
黑龙江	62	216	279	−154
海南	46	155	201	−109

资料来源：国研网。

在出口额方面，广东省、江苏省、浙江省、山东省、上海市五个省份或地区的出口额位居 2021 年自贸试验区所在省份出口额的前五；在出口额增长速度方面，陕西省的增长速度最快，相较于 2020 年同比增长 30%，其次增长速度较快的有山东省、北京市，相较于 2020 年同比增长分别为 29%、28%。2021 年自贸试验区所在省份出口情况如图 5-1 所示。

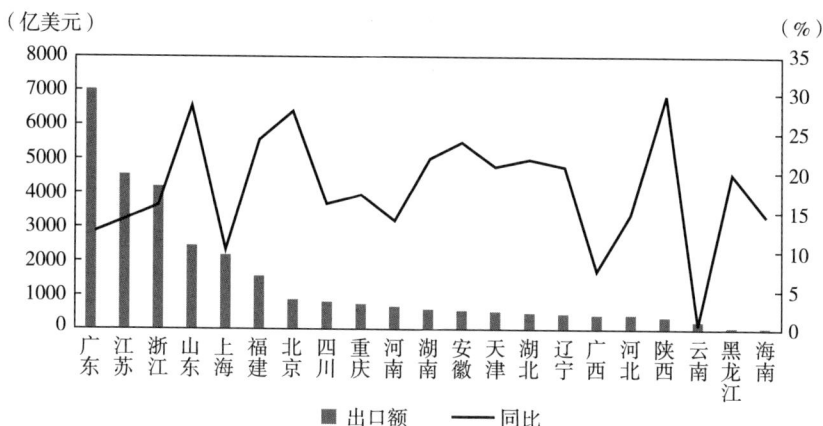

图 5-1　2021 年自贸试验区所在省份出口额

资料来源：国研网。

在进口额方面，广东省、上海市、北京市、江苏省、山东省五个省份或地区的进口额位居 2021 年自贸试验区所在省份出口额的前五；在进口额增长速度方面，海南省的增长速度最快，相较于 2020 年同比增长 63%，其次增长速度较快的有广西、福建，相较于 2020 年同比增长分别为 36%、35%。2021 年自贸试验区所在省份进口情况如图 5-2 所示。

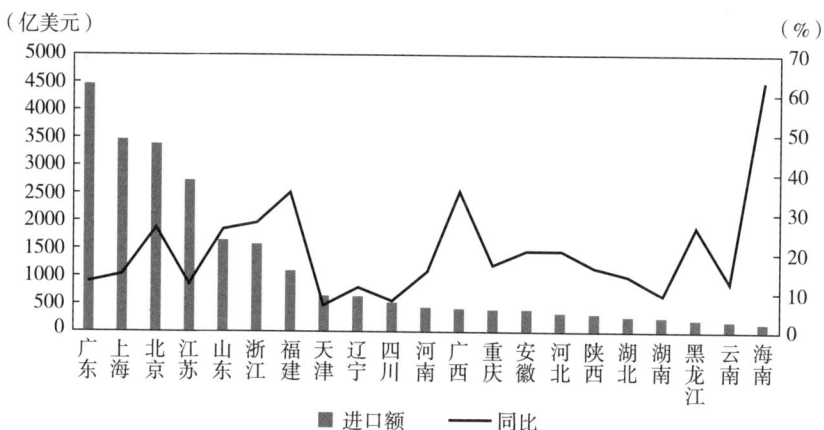

图 5-2　2021 年自贸试验区所在省份进口额

资料来源：国研网。

2. 2021 年自贸试验区所在省份按贸易方式划分的进出口额

根据国研网数据，广东省、浙江省、江苏省、北京市、上海市的一般贸易位居 2021 年自贸试验区所在省市一般贸易进出口的前五。

其中，四川省的来料加工贸易发展尤为强盛，2021 年来料加工贸易额达到 343.39 亿美元，其他来料加工贸易发展较好的省份有广东省、陕西省、江苏省，来料加工贸易额分别为 286.26 亿美元、230.85 亿美元、203.86 亿美元。

广东省、江苏省的进料加工贸易相较于其他省市来说发展更加迅速，2021 年进料加工贸易额超过 2000 亿美元，分别为 2836.40 亿美元、2085.13 亿美元。

值得注意的是，天津市、北京市、上海市的租赁贸易相较于其他省份来说发展更为迅速，在 2021 年的租赁贸易中，三市的进出口额分别为 5.26 亿美元、3.03 亿美元、3.43 亿美元。2021 年自贸试验区所在省份按贸易方式划分的进出口额如表 5-2 所示。

表 5-2　2021 年自贸试验区所在省份按贸易方式划分的进出口额

单位：亿美元

省份	一般贸易	来料加工贸易	进料加工贸易	加工贸易进口设备	对外承包工程出口货物	租赁贸易	出料加工贸易	其他总额
广东	6039.23	286.26	2836.40	1.98	1.53	1.94	0.77	2367.24
浙江	4553.56	26.00	388.29	0.09	7.68	1.03	0.27	829.71
江苏	4100.18	203.86	2085.13	0.07	4.85	0.58	0.05	888.36
北京	3686.78	104.83	55.90	0.00	42.83	3.03	0.24	365.28
上海	3251.76	49.37	954.25	0.27	8.90	3.43	0.79	1395.96
山东	2690.22	83.88	552.52	0.23	9.01	0.98	0.06	753.11
福建	1997.31	13.14	316.52	0.02	0.25	0.74	0.14	278.93
辽宁	723.42	43.76	216.62	0.08	1.24	0.00	0.08	102.87
安徽	702.52	14.16	158.19	0.18	2.33	0.40	0.25	82.47
天津	681.48	45.70	267.53	0.01	14.93	5.26	0.46	184.13
湖南	659.21	30.81	69.17	0.09	0.20	0.00	0.03	75.26
河北	651.80	5.39	38.01	0.00	2.03	0.00	0.00	50.61
湖北	545.07	5.17	89.70	0.05	4.05	0.00	0.19	104.77
河南	379.17	3.02	674.79	0.12	1.27	0.44	0.09	48.91
重庆	376.46	29.54	474.61	0.00	0.05	0.00	0.00	232.86
四川	322.54	343.39	380.88	0.01	3.05	0.11	0.24	270.54

省份	一般 贸易	来料加工 贸易	进料加工 贸易	加工贸易 进口设备	对外承包工程 出口货物	租赁 贸易	出料加工 贸易	其他总额
云南	302.01	15.54	24.58	0.00	0.12	0.09	0.00	79.80
广西	254.42	5.20	154.83	0.00	0.11	0.03	0.00	429.82
黑龙江	230.55	0.69	10.47	0.00	3.94	0.00	0.00	33.25
陕西	182.92	230.85	132.13	0.00	0.60	0.91	0.01	125.33
海南	103.51	2.67	11.88	0.00	0.00	0.30	0.00	82.91

资料来源：国研网。

3. 2021 年自贸试验区所在省份进出口目的地

从整体水平来看，自贸试验区所在省份对亚洲的贸易更加密切，占 53%；自贸试验区所在省份对欧洲的进出口贸易也较为密切，占所有地区的 20%；对大洋洲的贸易往来较少，低于 1%。2021 年自贸试验区所在省份进口目的地如图 5-3 所示。

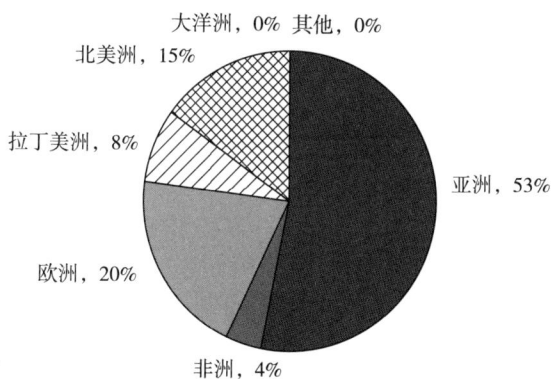

图 5-3　2021 年自贸试验区所在省份进口目的地

资料来源：国研网。

2021 年自贸试验区所在省份对亚洲的贸易往来更为密切，其中广东省对亚洲的进出口额高达 7081.1461 亿美元，居各省份对亚洲投资的首位，较为靠前的有江苏省、上海市、浙江省，对亚洲的进出口额分别为 3929.1068 亿美元、2627.1904 亿美元、2299.2597 亿美元；其次是对欧洲的贸易往来较为密切，依然是广东省、上海市、江苏省、浙江省四个省份排名最为靠前，对欧洲的进出口额分别为 1732.0750 亿美元、1499.3883 亿美元、1358.3139 亿美元、1335.6060 亿美元。2021 年自贸试验区所在省份按目的地划分的进出口额如表 5-3 所示。

表 5-3　2021 年自贸试验区所在省份按目的地划分的进出口额

单位：亿美元

目的地 省份	亚洲	非洲	欧洲	拉丁美洲	北美洲	大洋洲	其他
上海	2627.1904	117.5658	1499.3883	308.4614	776.3981	33.3405	2.3260
山东	1884.5983	261.6249	725.4017	459.0013	542.0483	21.7109	0.2334
广东	7081.1461	399.5691	1732.0750	563.7835	1501.6811	25.0174	6.9088
广西	604.7650	27.8717	30.4853	97.0661	50.7797	3.3035	0.4091
天津	541.9613	35.6926	314.4201	114.1642	146.2271	4.6764	0.2712
云南	285.0638	12.4720	31.8918	51.6341	31.9745	0.9041	0.0438
北京	1849.4565	371.2049	922.6928	351.4373	459.0629	30.0798	4.2483
四川	656.6967	23.7591	285.4842	36.5173	293.7590	2.4359	0.1806
辽宁	541.0683	28.5854	263.7232	89.5720	108.8821	5.5896	0.3609
江苏	3929.1068	185.9242	1358.3139	443.2551	1090.7779	27.5169	0.5438
安徽	403.1994	45.8899	165.0734	161.1810	143.4854	4.1604	0.0656
河北	241.3126	43.1333	125.8730	104.6569	92.2482	14.0615	0.0000
河南	525.7535	29.8125	170.9462	85.1907	261.7447	3.4207	0.1588
陕西	462.8793	11.7421	97.7329	28.3449	57.9522	1.4025	0.0656
重庆	590.8027	23.8899	219.2582	68.4003	181.2251	2.9872	0.0712
浙江	2299.2597	391.1197	1335.6060	567.1828	965.1487	24.7254	1.0628
海南	78.4769	6.6533	52.7086	11.5610	21.7451	3.0087	0.0328
黑龙江	38.1108	2.0602	201.4922	15.2749	10.5568	1.1309	0.0954
湖北	379.0863	33.8425	122.0324	81.3259	109.3196	2.3307	0.0987
湖南	406.3443	55.7769	127.9198	63.4096	129.2156	5.1030	1.0662
福建	1225.4206	107.8798	462.4106	244.7297	390.8792	17.5369	0.3757

资料来源：国研网。

4. 自贸试验区所在省份对共建"一带一路"国家和地区进出口总额

自贸试验区所在省份对共建"一带一路"国家和地区的进出口呈平稳上升。根据 2018~2021 年数据，广东省对共建"一带一路"国家和地区的进出口总额居于自贸试验区所在省份的首位，四年以来进出口总额累计超过 10000 亿美元，其次对共建"一带一路"国家和地区进出口总额较多的省份分别为浙江省、江苏省、北京市、上海市和山东省，2021 年的进出口总额皆在 1000 亿美元以上。而湖北省、陕西省和海南省对共建"一带一路"国家和地区的贸易往来较少，2018~2021 年进出口总额皆在 200 亿美元以下。自贸试验区所在省份对共建"一带一路"国家和地区进出口总额如表 5-4 所示。

表 5-4　自贸试验区所在省份对共建"一带一路"国家和地区进出口总额

单位：亿美元

省份	2021 年	2020 年	2019 年	2018 年
广东	2834.993	2441.271	2484.248	2363.353
浙江	1981.125	1579.206	1514.307	1280.570
江苏	1838.630	1511.073	1542.967	1422.980
北京	1732.119	1292.494	1698.068	1699.411
山东	1283.526	927.515	877.782	763.443
上海	1258.002	1104.104	1108.527	1035.731
福建	906.587	679.870	660.327	570.776
广西	436.884	371.1467	369.985	339.894
四川	406.508	335.332	286.574	243.955
辽宁	345.060	287.977	315.139	296.293
重庆	304.828	245.782	231.288	178.388
天津	290.792	252.880	255.035	264.955
安徽	247.879	180.836	170.123	139.372
云南	245.758	242.507	236.073	213.888
河南	244.194	221.749	196.158	175.650
湖南	243.834	205.916	177.999	116.837
河北	216.080	189.047	185.150	158.887
黑龙江	209.071	164.2062	215.365	213.779
湖北	197.536	147.8667	170.851	138.594
陕西	112.006	86.10253	72.0163	57.441
海南	59.172	44.82542	51.114	46.850

资料来源：国研网。

（二）自贸试验区所在省份对外开放水平

1. 自贸试验区所在省份对外开放水平

本书选取对外贸易进出口总额与 GDP 之比作为衡量对外开放水平的指标。根据国研网数据库的数据，上海市、北京市、广东省、浙江省、天津市五个省份在 2021 年自贸试验区所在省份对外开放水平排名中位居前五（见表 5-5）。

表 5-5　2021 年自贸试验区所在省份对外开放水平　　　　单位：%

省份	对外开放水平
上海	0.94
北京	0.76
广东	0.66
浙江	0.56
天津	0.55
江苏	0.45
福建	0.38
山东	0.35
重庆	0.29
辽宁	0.28
广西	0.24
海南	0.23
四川	0.18
安徽	0.16
陕西	0.16
河南	0.14
黑龙江	0.13
河北	0.13
湖南	0.13
云南	0.12
湖北	0.11

资料来源：国研网。

2. 自贸试验区所在省份境外经贸合作园区分布情况

在挂牌有自贸试验区的 21 个省份中，有 17 个省份设有境外经贸合作园区，重庆市、海南省、陕西省、河北省 4 个省份尚未建立境外经贸合作园区。其中，黑龙江省建设的合作园区个数最多，达到 15 个，在俄罗斯建设的合作园区就多达 12 个，可以看出黑龙江自贸试验区作为最北的自贸试验区，更多的是建成向北开放重要窗口的要求，打造对俄罗斯及东北亚区域合作的中心枢纽。其次，山东省在境外设立的经贸合作园区多达 13 个（见表 5-6）。

表 5-6　自贸试验区所在省份境外经贸合作园区分布情况

省份	个数	合作国家
黑龙江	15	俄罗斯（12）、韩国（1）、沙特阿拉伯（1）、哈萨克斯坦（1）
山东	13	柬埔寨（4）、匈牙利（2）、乌干达（1）、赞比亚（1）、苏丹（1）、柬埔寨（1）、南非（1）、印度尼西亚（1）、巴基斯坦（1）
浙江	6	乌兹别克斯坦（1）、越南（1）、泰国（1）、文莱（1）、尼日利亚（1）、塞尔维亚（1）
河南	4	吉尔吉斯坦（1）、德国（1）、塞拉利昂（1）、埃塞俄比亚（1）
江苏	5	印度尼西亚（1）、越南（1）、柬埔寨（1）、埃塞俄比亚（1）、坦桑尼亚（1）
安徽	3	伊朗（1）、莫桑比克（1）、巴西（1）
辽宁	3	印度（1）、罗马尼亚（1）、印度尼西亚（1）
北京	3	印度（1）、越南（1）、法国（1）
湖南	3	泰国（1）、阿联酋（1）、芬兰（1）
福建	2	柬埔寨（1）、毛里塔尼亚（1）
云南	2	老挝（2）
广西	2	印度尼西亚（1）、马来西亚（1）
广东	2	尼日利亚（1）、越南（1）
天津	2	印度尼西亚（1）、埃及（1）
湖北	1	比利时（1）
四川	1	老挝（1）
上海	1	印度尼西亚（1）

注：重庆市、海南省、陕西省、河北省尚未建立合作园区。

资料来源：国研网。

从整体水平上看，自贸试验区所在省份中，广东省、江苏省、上海市、浙江省和北京市的国际贸易开放水平更高，这表明广东自贸试验区、江苏自贸试验区、上海自贸试验区、浙江自贸试验区、北京自贸试验区相较于其他自贸区将会有更加开放和健全的国际贸易营商环境。

地区优势是重要因素。例如，广东自贸试验区依托毗邻港澳的良好地理位置占有绝对优势。深圳前海蛇口与香港接壤，而珠海横琴新区是与澳门接壤，依托香港和澳门促进了广东自贸试验区的经济发展。在广东省进出口总额中，对香港和澳门的进出口额占比达60%。

此外，这些省份一直处于中国改革开放的前沿。如上海市肩负着推进长江三角地区一体化和长江经济带发展的重任，在中国经济建设和社会发展中具有十分重要的地位和作用。

而黑龙江省、云南省、海南省的国际贸易水平较低，但通过建设自贸试验区，在一定程度上也提高了所在区域的国际贸易环境。

二、自由贸易试验区国际贸易发展现状

（一）自贸试验区整体发展现状

2013年以来，我国以分6批设立了21个自贸试验区，所辖片区数量达到64个，自贸试验区建设基本完成了"由点到线、由线及面"的全方位布局，构建起"东中西协调、南北兼顾、江海陆边联动"的对外开放新格局。通过积极探索管理模式创新、促进贸易和投资便利化，中国自贸试验区加速吸引资本、人才、技术等生产要素。中华人民共和国商务部数据显示，前五批18个自贸试验区的面积加总不到全国国土面积的0.4%，但在2020年全年进出口总额达4.7万亿元人民币，实现了占全国14.7%的进出口，为稳外贸稳外资发挥了重要作用，2021年进出口总额达6万亿元人民币，增速高达26.4%。

（二）自贸试验区进出口现状

2021年，广东自贸试验区的进出口总额达18814.00亿元，居21个自贸试验区的首位；其次进出口总额较多的有上海自贸试验区、浙江自贸试验区、江苏自贸试验区、重庆自贸试验区，进出口总额分别为11701.74亿元、7700.00亿元、5683.00亿元、5600.00亿元；中国河北自贸试验区、河南自贸试验区、黑龙江自贸试验区在2021年的进出口总额较少，分别为602.00亿元、580.30亿元、269.32亿元（见表5-7）。

表 5-7　2021 年自贸试验区进出口贸易额　　　　单位：亿元

省份	进出口贸易额
广东	18814.00
上海	11701.74
浙江	7700.00
江苏	5683.00
重庆	5600.00
湖南	3850.10
山东	3843.40
四川	3515.80
陕西	3375.30
天津	2210.00
广西	2048.00
福建	1825.00
湖北	1732.50
辽宁	1660.00
安徽	1540.70
海南	1476.80
云南	838.57
河北	602.00
河南	580.30
黑龙江	269.32
北京	缺失

注：受海关数据限制，本部分数据主要来源于各自贸试验区官方网站新闻稿，由于部分自贸试验区只提供少数月份的数据，故求取均算得而得，包括广西自贸试验区、天津自贸试验区、江苏自贸试验区、河北自贸试验区；部分自贸试验区通过自贸试验区进出口占全省总额以及片区相加推算而来，包括湖北自贸试验区、辽宁自贸试验区、福建自贸试验区；而湖南自贸试验区的进出口额数据来源于腾讯新闻稿。

（三）自贸试验区国际贸易定位

从 21 个自贸试验区的不同特色看，上海自贸试验区是肩负各项改革创新任务的排头兵，其最大特色在于金融创新和投资领域创新且具备引领性。山东自贸试验区的特色主要在于新旧动能转换、发展海洋经济及中日韩合作。广东自贸试验区的主要特色在于对接港澳和服务贸易制度创新，并在金融、营商环境改善等方面走在全国前列。广西自贸试验区着眼于面向东盟开放，天津自贸试验区的主要优势在于融资租赁等制度创新。云南自贸试验区主要侧重于面向南亚、东南亚开放。北京自贸试验区助力建设具有全球影响力的科技创新中心，加快打造服务业扩大开放先行区、数字经济试验区，着力构建京津冀协同发展的高水平对外开放平台。四川自贸试验区的定位主要是实现内陆与沿海沿边沿江协同开放，"内陆开放"是其最核心的任务和亮点。辽宁自贸试验区肩负东北老工业基地振兴和国资国企改革的重要使命。江苏自贸试验区侧重于打造开放型经济、创新发展实体经济和产业转型方面先行先试。安徽自贸试验区鼓励建设中东部地区连接中亚、欧洲的铁水联运大通道，推动建立多式联运体系。河北自贸试验区的重点是以雄安新区为核心，大力发展数字贸易、生物医药等产业，并促进京津冀协同发展。河南自贸试验区在构建服务于"一带一路"建设的现代综合交通枢纽和打造内陆开放型经济示范区方面成效显著。陕西自贸试验区的特色主要在于扩大"一带一路"建设经贸往来与人文交流、推动西部大开发战略深入实施。重庆自贸试验区在创新推动国际物流大通道建设、服务"一带一路"建设和长江经济带发展、推动构建西部地区门户城市全方位开放新格局等方面积累了较多创新经验。浙江自贸试验区以油品全产业链投资便利化和贸易自由化为重点，形成一系列独特的创新举措。海南自贸试验区的设立，标志着我国自贸试验区建设进入全面提速、扩大开放的新阶段，其主要特色在于逐步探索、稳步推进中国特色自由贸易港建设，分步骤、分阶段构建自由贸易港政策和制度体系，进一步将自由贸易港建设新探索推向深入。从沿边开放角度看，黑龙江自贸试验区主要是对俄罗斯及以东北亚为重点的开放合作。湖北自贸试验区在实施中部崛起战略、科创和推进长江经济带发展中发挥示范作用。湖南自贸试验区发挥长沙、株洲、湘潭、衡阳、岳阳、郴州6个国际投资贸易走廊沿线重点城市的比较优势，分工协作、优势互补，推动多区联动发展。福建自贸试验区主要特色在于与中国台湾省的合作，也是21世纪海上丝绸之路的核心区。

从整体看，21个自贸试验区结合自身特点和优势，已形成不同的重点建设方向与特色，彼此之间可实现互补借鉴、协同发展，共同促进对外开放制度体系的建设完善及开放新格局的形成（见表5-8）。

表5-8　自贸试验区国际贸易定位

省份	国际贸易定位
上海	金融创新、投资开放、综合创新
山东	海洋经济、中日韩合作
广东	对接港澳
广西	对东盟开放合作
天津	融资租赁、平行汽车进口
云南	对南亚东南亚开放合作
北京	数字经济试验区，京津冀协同发展
四川	内陆与沿海沿边沿江协同开放
辽宁	东北老工业基地振兴、国资国企改革
江苏	开放型经济、"一带一路"交汇点建设、产业转型升级
安徽	"一带一路"建设
河北	数字贸易、生物医药、京津冀合作
河南	现代综合交通枢纽
陕西	西部开放、"一带一路"建设合作
重庆	西部开放、国际物流大通道
浙江	油品全产业链投资便利化和贸易自由化
海南	全岛型自由贸易港
黑龙江	对俄开放，以东北亚为重点的开放合作
湖北	科创、长江经济带发展
湖南	长江经济带、粤港澳大湾区
福建	对台合作

资料来源：各自贸试验区官方网站。

第六章　自由贸易试验区国际投资

自贸试验区是国内、国际双循环的重要枢纽，国际投资发展水平是自贸试验区建设成效的重要体现。本章从我国企业对外投资和我国吸引外商投资两个方面，对自贸试验区的国际投资进行测度分析，揭示不同自贸试验区的聚焦水平和辐射能力。

一、对外投资

（一）　自由贸易试验区对外投资概况

2021 年，中国对外投资发展平稳，全行业对外直接投资累计净额（以下简称"存量"）9366.9 亿元人民币，折合 1451.9 亿美元，同比增长 2.2%。对外承包工程 9996.2 亿元人民币，折合 1549.4 亿美元，同比下降 0.6%；新签合同额 16676.8 亿元人民币，折合 2584.9 亿美元，同比增长 1.2%。①《中华人民共和国 2021 年国民经济和社会发展统计公报》显示，2021 年中国对外非金融类直接投资额为 7332 亿元，折合 1136 亿美元。截至 2022 年 3 月底，中国 29353 家境内投资者在国（境）外设立对外投资企业或对外直接投资②（以下简称"境外企业"）40149 家，分布在全球 171 个国家（地区③），累计进行对外投资行为 40403 次。

---

① 北京日报. 商务部：2021 年我国全行业对外直接投资 9366.9 亿元人民币 [EB/OL]. (2022-01-20) [2022-05-31]. https://baijiahao.baidu.com/s? id=1722457072218886714&wfr=spider&for=pc.

② 对外直接投资企业：境内投资者直接拥有或控制 10% 或以上股权、投票权或其他等价利益的境外企业。

③ 对外直接投资的国家（地区）按境内投资者投资的首个目的地国家（地区）进行统计。

自贸试验区已经成为我国企业对外投资的重要载体。同时，中国自贸试验区内共 2918 家境内投资者在国（境）外设立对外投资企业或对外直接投资 4043 家，分布在全球 124 个国家（地区），累计进行对外投资行为 4086 次。境内投资者直接投向境外非金融企业 3923 次，占总投资行为的 96.01%（见表 6-1）。自贸试验区仍在努力发挥示范带动、服务全国的积极作用。

表 6-1　中国自贸试验区对外直接投资分类构成情况

投资类型	次数（次）	比重（%）
金融类	163	3.99
非金融类	3923	96.01
合计	4086	100.00

注：金融类指境内投资者直接投向境外金额企业的投资；非金融类指境内投资者直接投向境外非金融企业的投资。

资料来源：中华人民共和国商务部。

（二）自由贸易试验区对外投资地理位置分布

1. 大洲分布

截至 2022 年 3 月，中国自贸试验区境内投资者共在全球 124 个国家（地区）进行投资，境外企业约遍布全球 53.45% 的国家（地区）。其中。欧洲的境外企业覆盖率为 77.27%，亚洲为 75.00%，北美洲为 52.17%，非洲为 51.85%，大洋洲为 35.71%，拉丁美洲为 18.37%（见表 6-2 和图 6-1）。

表 6-2　中国自贸试验区对外投资的地区构成情况　　　　单位：家，%

洲别	国家（地区）总数	境外企业覆盖国家（地区）数量	覆盖率
欧洲	44	34	77.27
亚洲	48	36	75.00
北美洲	23	12	52.17
非洲	54	28	51.85
大洋洲	14	5	35.71
拉丁美洲	49	9	18.37
合计	232	124	53.45

注：覆盖率为中国自贸试验区境外企业覆盖国家（地区）数量与国家（地区）总数的比率。亚洲国家（地区）数量包括中国，覆盖率计算基数未包括。

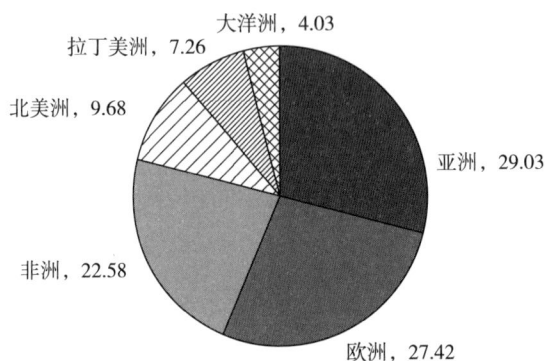

图 6-1 中国自贸试验区对外投资分布情况

资料来源：《2020 年度中国对外直接投资统计公报》，数据截至 2022 年 3 月。

《2020 年度中国对外直接投资统计公报》显示，从境外企业的国家（地区）分布来看，中国自贸试验区向亚洲投资的境外企业数量占自贸试验区向外投资国家（地区）总数的 29.03%，向亚洲投资的境外企业数量近 2463 家，占境外企业总数的 60.95%，主要分布在中国香港、中国澳门、新加坡、日本、韩国、缅甸、马来西亚、泰国、越南、柬埔寨、印度、老挝、阿拉伯联合酋长国等。其中，向中国香港地区投资的境外企业近 1560 家，占中国自贸试验区境外投资企业总数的三成，是中国境外企业数量最多、投资最活跃的地方。

向欧洲投资的境外企业数量占自贸试验区向外投资国家（地区）总数的 27.42%，向欧洲投资的境外企业近 488 家，占境外企业总数的 12.08%，主要分布在德国、俄罗斯、英国、法国、荷兰、瑞士、西班牙、爱尔兰、意大利、卢森堡、捷克等。其中，向德国投资的境外企业近 114 家。

向非洲投资的境外企业数量占自贸试验区向外投资国家（地区）总数的 22.58%，向非洲投资的境外企业近 116 家，占境外企业总数的 2.87%，主要分布在肯尼亚、埃及、尼日利亚、南非、安哥拉、埃塞俄比亚、坦桑尼亚等。其中，向肯尼亚投资的境外企业近 12 家。

向北美洲投资的境外企业数量占自贸试验区向外投资国家（地区）总数的 9.68%，向北美洲投资的境外企业近 804 家，占境外企业总数的 19.90%，主要分布在美国、开曼群岛、英属维尔京群岛、加拿大、墨西哥等。

向拉丁美洲投资的境外企业数量占自贸试验区向外投资国家（地区）总数的 7.26%，向拉丁美洲投资的境外企业近 56 家，占境外企业总数的 1.38%，主要分布在巴西、智利、乌拉圭、阿根廷等国家。

向大洋洲投资的境外企业数量占自贸试验区向外投资国家（地区）总数的4.03%，向大洋洲投资的境外企业近114家，占境外企业总数的2.82%，主要分布在澳大利亚、新西兰、萨摩亚等国家。

2. 国家（地区）分布

中国21个自贸试验区境内投资者共在全球124个国家（地区）对外投资境外企业4043家，遍布全球超过53.45%的国家（地区）。从投资次数来看，中国自贸区企业对外投资目的地依次为中国香港、美国、新加坡、日本、德国、开曼群岛、俄罗斯、澳大利亚、韩国、英属维尔京群岛，合计2988次对外投资行为，投资境外企业2961家，占中国自贸试验区境外投资企业总数的73.04%（见表6-3）。

表6-3 中国自贸试验区企业对外投资目的地（按投资次数）

序号	国家（地区）	次数	比重（%）
1	中国香港	1572	38.47
2	美国	563	13.78
3	新加坡	193	4.72
4	日本	121	2.96
5	德国	114	2.79
6	开曼群岛	101	2.47
7	俄罗斯	93	2.28
8	韩国	74	1.81
9	澳大利亚	86	2.10
10	英属维尔京群岛	68	1.66

资料来源：笔者根据中华人民共和国商务部境外投资企业（机构）备案公开名录整理，数据截至2022年3月。

2021年，中国对共建"一带一路"国家和地区非金融类直接投资额为203亿美元，增长14.1%；对共建"一带一路"国家和地区完成营业额897亿美元，下降1.6%，占对外承包工程完成营业额比重为57.9%，对外劳务合作派出各类劳务人员32万人。[1]

---

① 中华人民共和国商务部.2021年我对"一带一路"沿线国家投资合作情况［EB/OL］.（2022-01-24）［2022-06-05］.https://hzs.mofcom.gov.cn/article/date/202201/20220103239000.shtml.

截至 2022 年 3 月，中国自贸试验区内企业对共建"一带一路"国家和地区企业共进行 787 次投资，流向境外投资企业 787 家。中国自贸试验区企业对境外东盟十国（新加坡、马来西亚、印度尼西亚、缅甸、泰国、老挝、柬埔寨、越南、文莱、菲律宾）企业共进行 481 次投资，流向境外投资企业 472 家（见表 6-4）。

表 6-4 2022 年 3 月前全国自贸试验区对外投资情况

片区	主要投资地
安徽蚌埠片区	中国香港（6）、英属维尔京群岛（2）
安徽合肥片区	中国香港（13）、美国（8）、缅甸（3）
安徽芜湖片区	缅甸（6）、意大利（4）、巴基斯坦（3）、美国（3）、泰国（3）、中国香港（3）
北京科技创新片区	中国香港（29）、美国（15）、新加坡（5）、荷兰（3）
北京高端产业片区	无
北京国际商务服务片区	中国香港（59）、美国（31）、巴西（19）、西班牙（11）、巴基斯坦（6）、新加坡（8）、加拿大（5）、澳大利亚（5）、老挝（5）、日本（5）、英国（4）、埃及（4）、中国澳门（4）
重庆两江片区	中国香港（21）、德国（5）、美国（13）、瑞士（3）、马来西亚（3）、新加坡（3）
重庆果园港片区	美国（2）、中国香港（2）、德国（1）、日本（1）
重庆西永片区	中国香港（5）、乌拉圭（2）
福建福州片区	中国香港（29）、印度尼西亚（5）、柬埔寨（4）、美国（4）、新加坡（4）、德国（3）、马来西亚（3）
福建平潭片区	中国香港（7）、开曼群岛（3）、美国（2）
福建厦门片区	中国香港（69）、美国（5）、英属维尔京群岛（4）
广东广州南沙新区片区	中国香港（64）、中国澳门（4）、美国（7）、德国（5）、新加坡（4）、以色列（4）
广东深圳前海蛇口片区	中国香港（278）、新加坡（12）、美国（25）、柬埔寨（6）、开曼群岛（6）、德国（5）、英国（5）
广东珠海横琴新区片区	中国香港（5）、中国澳门（4）
广西南宁片区	中国香港（3）、马来西亚（2）、泰国（2）
广西钦州港片区	柬埔寨（2）、马来西亚（1）、尼日利亚（1）、新加坡（1）、中国香港（1）
广西崇左片区	越南（3）、加拿大（1）
海南自贸区	中国香港（1）、韩国（1）
河北雄安片区	美国（1）

续表

片区	主要投资地
河北正定片区	孟加拉国（1）、德国（1）、乌兹别克斯坦（1）
河北大兴机场片区	无
河北曹妃甸片区	中国香港（1）
河南洛阳片区	日本（1）、德国（1）
河南郑州片区	美国（11）、中国香港（12）、英属维尔京群岛（4）、澳大利亚（3）、德国（2）、吉尔吉斯斯坦（2）、开曼群岛（2）、尼日利亚（2）
河南开封片区	无
黑龙江哈尔滨片区	俄罗斯（4）、中国香港（3）、阿拉伯联合酋长国（2）、美国（2）、韩国（2）
黑龙江黑河片区	俄罗斯（36）
黑龙江绥芬河片区	俄罗斯（24）、中国香港（2）、美国（1）
湖北武汉片区	美国（15）、中国香港（24）、新加坡（3）
湖北襄阳片区	泰国（1）
湖北宜昌片区	泰国（2）、哈萨克斯坦（1）、美国（1）
湖南郴州片区	韩国（1）、柬埔寨（1）
湖南长沙片区	韩国（3）、美国（3）、中国香港（3）、巴基斯坦（2）、印度（2）、印度尼西亚（2）
湖南岳阳片区	无
江苏连云港片区	中国香港（2）、南非（1）、孟加拉国（1）
江苏南京片区	中国香港（2）、澳大利亚（1）、德国（1）、美国（1）
江苏苏州片区	美国（41）、中国香港（32）、新加坡（11）、开曼群岛（8）、澳大利亚（7）、韩国（7）
辽宁大连片区	中国香港（14）、美国（9）、澳大利亚（3）
辽宁营口片区	埃及（1）、中国香港（1）
辽宁沈阳片区	无
山东济南片区	中国香港（38）、美国（22）、日本（7）、印度（4）、德国（3）、印度尼西亚（3）、加拿大（4）、塞尔维亚（4）、波黑（2）、法国（2）、韩国（2）
山东青岛片区	中国香港（21）、德国（5）、美国（4）、阿拉伯联合酋长国（2）、柬埔寨（2）、马来西亚（2）、新加坡（3）、越南（2）、韩国（2）
山东烟台片区	美国（7）、韩国（5）、加拿大（4）、中国香港（4）、俄罗斯（3）、日本（3）
陕西西安国际港务区片区	中国香港（4）、哈萨克斯坦（3）、澳大利亚（2）、俄罗斯（2）、日本（2）
陕西杨凌示范区片区	无
陕西中心片区	美国（24）、中国香港（20）、日本（3）、澳大利亚（3）、英国（3）

片区	主要投资地
上海保税区片区	中国香港（210）、美国（92）、新加坡（41）、开曼群岛（34）、日本（30）、澳大利亚（19）、英属维尔京群岛（16）、韩国（13）、德国（11）、英国（11）、印度尼西亚（10）、新西兰（10）
上海临港新片区	中国香港（86）、美国（33）、新加坡（18）、日本（11）、开曼群岛（14）、印度尼西亚（7）、德国（6）、印度（6）、英属维尔京群岛（6）、澳大利亚（5）、马来西亚（5）、阿拉伯联合酋长国（4）、韩国（4）
上海陆家嘴金融片区	中国香港（150）、美国（37）、新加坡（25）、德国（15）、开曼群岛（10）、日本（10）、澳大利亚（9）、英属维尔京群岛（7）、巴西（5）、印度（5）、印度尼西亚（5）
上海金桥开发区片区	中国香港（31）、捷克（6）、新加坡（5）、德国（3）、韩国（3）
上海张江高科技片区	中国香港（99）、美国（47）、新加坡（20）、日本（16）、德国（12）、开曼群岛（8）、澳大利亚（7）、韩国（7）、马来西亚（3）
四川川南临港片区	中国香港（1）
四川成都青白江铁路港区片区	德国（1）
四川成都天府新区片区	中国香港（49）、美国（17）、新加坡（10）、德国（8）、尼泊尔（7）、越南（7）、日本（6）、英国（6）、法国（4）、马来西亚（3）
天津滨海新区中心商务区片区	中国香港（20）、印度尼西亚（7）、开曼群岛（4）、美国（3）、英属维尔京群岛（3）
天津港片区	中国香港（33）、新加坡（3）、爱尔兰（2）、日本（2）、土耳其（2）、英国（2）
天津机场片区	中国香港（28）、爱尔兰（11）、美国（9）、开曼群岛（3）、马来西亚（3）、日本（3）、安哥拉（2）、澳大利亚（2）、德国（2）、加纳（2）、柬埔寨（2）、瑞士（2）、英属维尔京群岛（2）
云南德宏州片区	缅甸（7）、老挝（2）、柬埔寨（1）、越南（1）
云南红河片区	马来西亚（1）、越南（1）
云南昆明片区	老挝（14）、美国（6）、泰国（5）、中国香港（3）、马来西亚（2）、缅甸（2）、柬埔寨（1）
浙江舟山离岛片区	无
浙江舟山岛北部片区	中国香港（1）
浙江舟山岛南部片区	中国香港（4）、新加坡（2）、安哥拉（1）、俄罗斯（1）、塞内加尔（1）、乌拉圭（1）

注：受数据资料限制，未统计浙江省2020年扩容新增片区。括号中数值为投资次数。

资料来源：笔者根据中华人民共和国商务部境外投资企业（机构）备案公开名录整理，数据截至2022年3月。

（三）经济体分布

中国自贸试验区对外投资的近六成分布在发展中经济体（见图6-2）。截至2022年3月，中国自贸试验区在发展经济体的投资为2478次，占60.65%。其中，中国香港1572次，占发展中经济体投资的63.44%；东盟十国481次，占19.41%。

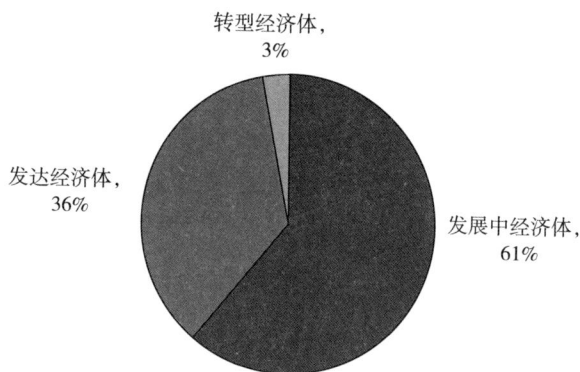

图6-2　中国自贸区企业对各类经济体直接投资构成

资料来源：笔者根据中华人民共和国商务部境外投资企业（机构）备案公开名录整理，数据截至2022年3月。

中华人民共和国商务部数据显示，截至2022年3月，中国自贸试验区在发达经济体的直接投资为1488次，占36.42%。其中，美国563次，占发达经济体投资的37.84%；欧盟264次，占发达经济体投资的17.74%；日本121次，占发达经济体投资的8.13%；澳大利亚86次，占发达经济体投资的5.78%；英国60次，占发达经济体投资的4.03%；加拿大33次，占发达经济体投资的2.22%；瑞士20次，占发达经济体投资的1.34%；以色列14次，占发达经济体投资的0.94%；新西兰23次，占发达经济体投资的1.55%；挪威3次，占发达经济体投资的0.20%（见图6-3）。

中国自贸试验区在转型经济体的直接投资120次，占2.94%。其中，俄罗斯联邦93次，占转型经济体投资的77.5%；乌兹别克斯坦9次，占7.5%；哈萨克斯坦8次，占6.67%；吉尔吉斯斯坦5次，占4.17%；格鲁吉亚1次，占0.83%（见图6-4）。

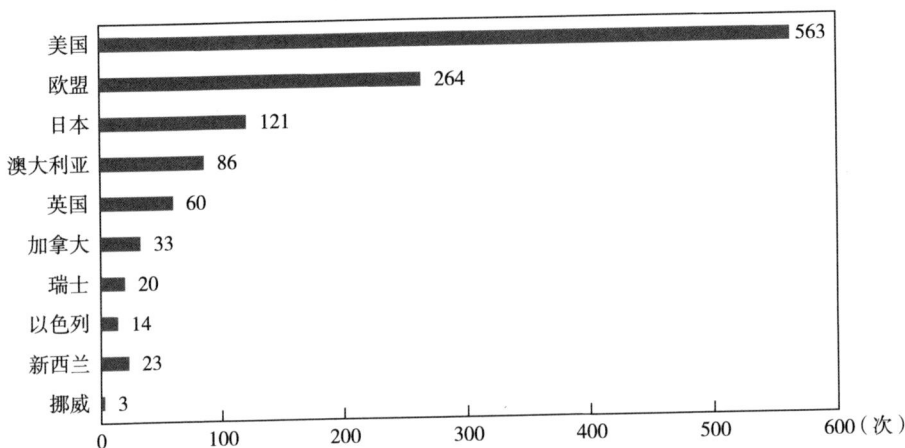

图 6-3　中国 21 个自贸试验区对外投资较高的发达经济体

资料来源：笔者根据中华人民共和国商务部境外投资企业（机构）备案公开名录整理，数据截至 2022 年 3 月。

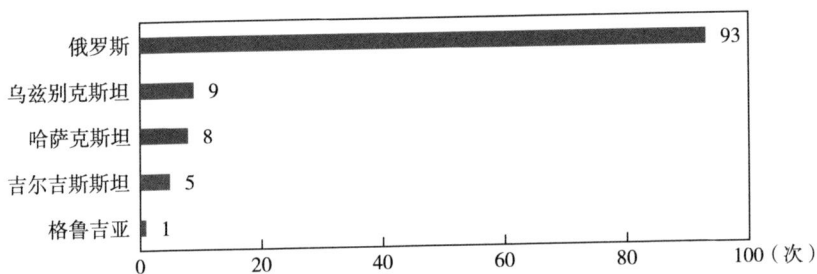

图 6-4　中国 21 个自贸试验区对外投资次数较多的转型经济体

资料来源：笔者根据中华人民共和国商务部境外投资企业（机构）备案公开名录整理，数据截至 2022 年 3 月。

（四）行业分布

1. 按国民经济行业分

截至 2022 年 3 月，中国自贸区企业对外投资涉及租赁和商务服务业、批发和零售业、科学研究和技术服务业等 17 个行业大类。从对外投资次数来看，租赁和商务服务业 974 次，占 23.87%；批发和零售业 880 次，占 21.56%；科学研究和技术服务业 709 次，占 17.37%（见表 6-5）。

表 6-5　2022 年 3 月中国自贸区对外投资行业构成

行业类别	数量（次）	数量占比（%）
租赁和商务服务业	974	23.87
批发和零售业	880	21.56
科学研究和技术服务业	709	17.37
信息传输/软件和信息技术服务业	388	9.51
制造业	375	9.19
交通运输/仓储和邮政业	230	5.64
金融业	163	3.99
建筑业	139	3.41
文化/体育和娱乐业	57	1.40
电力/热力/燃气及水的生产和供应业	47	1.15
房地产业	41	1.00
农、牧、林、渔业	26	0.64
居民服务/修理和其他服务业	25	0.61
住宿和餐饮业	11	0.27
水利/环境和公共设施管理业	9	0.22
教育	5	0.12
卫生和社会工作	2	0.05
合计	4081	100

资料来源：笔者根据中华人民共和国商务部境外投资企业（机构）备案公开名录整理，数据截至 2022 年 3 月。

2. 按三次产业分

截至 2022 年 3 月，中国自贸试验区企业对外直接投资的近八成集中在第三产业（服务业），次数为 3494 次，主要分布在租赁和商务服务、批发和零售、信息传输/软件和信息技术服务、金融、房地产、交通运输/仓储和邮政等领域。第二产业 561 次，占中国自贸试验区企业对外直接投资的 13.75%，其中，制造业（不含金属制品/机械和设备修理业）375 次，占第二产业的 66.85%；建筑业 139 次，占 24.78%；电力/热力/燃气及水的生产和供应业 47 次，占 8.38%。第一产业（农/林/牧/渔，但不含农/林/牧/渔服务业）25 次，占中国自贸试验区企业对外直接投资的 0.61%（见图 6-5）。

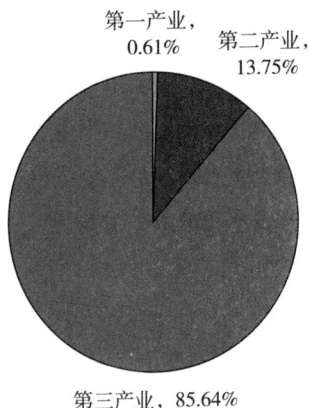

图 6-5　中国自贸区企业对外投资按三次产业分类构成

资料来源：笔者整理。

（五）按境内投资者工商行政管理注册类型分类

截至 2022 年 3 月，中国自贸区内对外投资者（以下简称"境内投资者"）达到 4082 家，从其在中国市场监督管理部门的登记注册看，有限责任公司 2945 家，占 72.15%，仍然是中国自贸区内对外投资占比最大、最为活跃的群体；股份有限公司 503 家，占 12.32%；外商投资企业 209 家，占 5.12%；港/澳/台商投资企业 187 家，占 4.58%；国有企业 92 家，占 2.25%；有限合伙企业、全民所有制等其他企业 146 家，占 3.58%（见图 6-6 和表 6-6）。

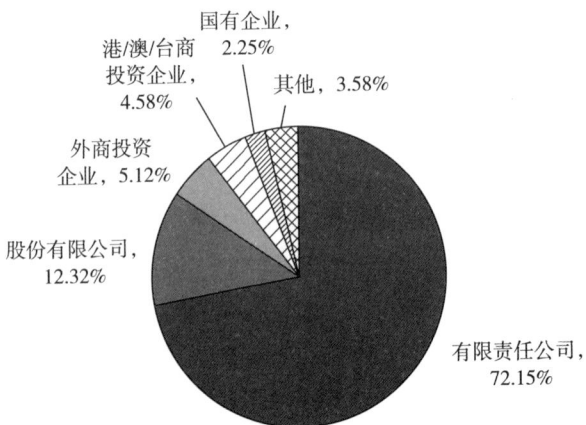

图 6-6　2022 年 3 月自贸区境内投资者按登记注册类型构成

资料来源：笔者整理。

表6-6　2022年3月中国自贸区境内投资者按登记注册类型分类情况

单位：家,%

工商注册登记类型	数量	比重
有限责任公司	2945	72.15
股份有限公司	503	12.32
外商投资企业	209	5.12
港/澳/台商投资企业	187	4.58
国有企业	92	2.25
其他	146	3.58
合计	4082	100

资料来源：笔者整理。

（六）省份分布

在中国21个自贸试验区的境内投资者中，各省份的地方企业投资者占97.75%。境内投资者数量较高的省份分别是上海市、北京市、广东省、山东省、福建省、天津市、江苏省、四川省、陕西省、重庆市（见图6-7和表6-7）。

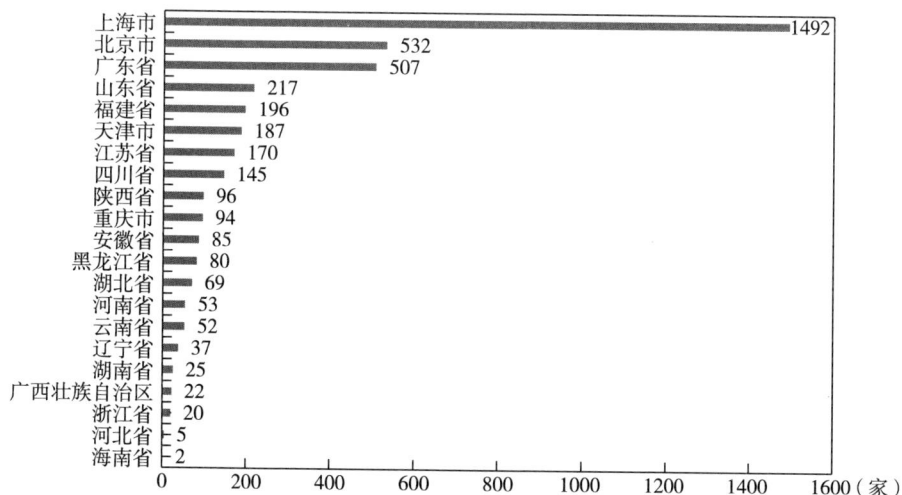

图6-7　中国21个自贸试验区对外投资企业数量

资料来源：笔者根据中华人民共和国商务部境外投资企业（机构）备案公开名录整理。

表 6-7 全国 21 个自贸试验区对外投资情况 单位：家

省份	城市	片区	对外投资企业数
安徽省	蚌埠市	蚌埠片区	8
	合肥市	合肥片区	51
	芜湖市	芜湖片区	26
北京市	北京市	科技创新片区	76
		高端产业片区	—
		国际商务服务片区	226
重庆市	重庆市	两江片区	75
		果园港片区	5
		西永片区	14
福建省	福州市	福州片区	72
		平潭片区	16
	厦门市	厦门片区	105
广东省	广州市	广州南沙新区	117
	深圳市	深圳前海蛇口自贸区	378
	珠海市	横琴片区	12
广西壮族自治区	南宁市	南宁片区	12
	钦州市	钦州港片区	6
	崇左市	崇左片区	4
海南省	三亚市	海南自贸区	2
	海口市		
河北省	保定市	雄安片区	1
	石家庄市	正定片区	3
	廊坊市	大兴机场片区	0
	唐山市	曹妃甸片区	1
河南省	洛阳市	洛阳片区	2
	郑州市	郑州片区	51
	开封市	开封片区	—
黑龙江省	哈尔滨市	哈尔滨片区	17
	黑河市	黑河片区	36
	牡丹江市	绥芬河片区	27

续表

省份	城市	片区	对外投资企业数
湖北省	武汉市	武汉片区	65
	襄阳市	襄阳片区	1
	宜昌市	宜昌片区	3
湖南省	郴州市	郴州片区	2
	长沙市	长沙片区	23
	岳阳市	岳阳片区	—
江苏省	连云港市	连云港片区	4
	南京市	南京片区	7
	苏州市	苏州片区	159
辽宁省	大连市	大连片区	35
	营口市	营口片区	2
	沈阳市	沈阳片区	—
山东省	济南市	济南片区	129
	青岛市	青岛片区	51
	烟台市	烟台片区	38
陕西省	西安市	西安国际港务区片区	18
		杨凌示范区	—
		中心片区	78
上海市	上海市	上海保税区	594
		临港新片区	255
		陆家嘴金融贸易区	342
		金桥出口加工区	70
		张江高科技片区	—
四川省	泸州市	川南新区	1
	成都市	青白江铁路港片区	1
		天府新区	143
天津市	天津市	滨海新区中心商务片区	52
		天津港东疆片区	52
		天津机场片区	83
云南省	德宏傣族景颇族自治州	德宏片区	11
	红河哈尼族彝族自治州	红河片区	2
	昆明市	昆明片区	39

省份	城市	片区	对外投资企业数
浙江省	舟山市	舟山离岛片区	—
		舟山岛北部片区	1
		舟山岛南部片区	19

注：受数据限制，未统计浙江省2020年扩容新增片区。

资料来源：笔者根据中华人民共和国商务部境外投资企业（机构）备案公开名录整理。

二、利用外资及港澳台资

（一）自由贸易试验区利用外资及港澳台资概况

2021年，中国吸收外资创新高，达到1.15万亿元，近10年来首次实现两位数增长，高技术产业引进资本占比首次超过30%。①《中华人民共和国2021年国民经济和社会发展统计公报》显示，2021年中国外商直接投资（不含银行、证券、保险领域）新设立企业47329家，比2020年增长23.5%（见表6-8）。实际使用外商直接投资金额11494亿元，同比增长14.9%，折合1735亿美元，增长20.2%。② 2022年1~5月，全国实际使用外资金额5642亿元，同比增长17.3%，折合877.7亿美元，同比增长22.6%。③ 自贸试验区已经成为我国企业吸引外商投资的最强磁场。同时，中国自贸试验区内共47329家企业吸引外商及港、澳、台商投资，自贸试验区金融类企业吸引外商及港、澳、台商投资2993次，占吸引外商及港、澳、台商总投资行为的6.32%。

---

① 2021年中国吸收外资创新高民营经济应因势利导、稳中求进［EB/OL］.（2022-03-02）［2022-06-16］. https：//www. news. cn/local/2022-03/02c_1125293215. htm.

② 中华人民共和国中央人民政府. 中华人民共和国2021年国民经济和社会发展统计公报［EB/OL］.（2022-03-02）［2022-06-16］. https：//www. gov. cn/xinwen/2022-02/28/content_5676015. htm.

③ 数说中国丨前5个月我国吸收外资同比增长17.3%［EB/OL］.（2022-06-14）［2022-06-16］. https：//m. news. cn/2022-06/14/c_1128740190. htm.

表6-8 2021年中国自贸试验区利用外资分类构成情况 单位：次,%

分类 \ 指标	数量	比重
合计	47329	100.00
金融类	2993	6.32
非金融类	44336	93.68

注：金融类指自贸区内金融企业吸引外商及港、澳、台商的投资；非金融类指自贸区内非金融企业吸引外商及港、澳、台商的投资。

资料来源：根据全国工商企业注册登记数据库整理。

（二）行业分布

1. 按国民经济行业分

截至2022年3月，中国自贸试验区利用外资的行业涉及批发和零售业、租赁和商务服务业、科学研究和技术服务业、制造业等19个大类。从利用外资及港、澳、台资数量看，批发和零售业14796家，占31.26%；租赁和商务服务业10918家，占23.07%；科学研究和技术服务业5204家，占11.00%；制造业4296家，占9.08%；金融业2993家，占6.32%（见表6-9）。

表6-9 中国自贸试验区利用外资及港、澳、台资的国民经济行业构成

行业类别	数量（家）	数量占比（%）
批发和零售业	14796	31.26
租赁和商务服务业	10918	23.07
科学研究和技术服务业	5204	11.00
制造业	4296	9.08
金融业	2993	6.32
信息传输/软件和信息技术服务业	2560	5.41
交通运输/仓储和邮政业	1682	3.55
房地产业	1159	2.45
住宿和餐饮业	949	2.00
文化/体育和娱乐业	927	1.96
建筑业	513	1.08
居民服务/修理和其他服务业	429	0.91

行业类别	数量（家）	数量占比（%）
农、牧、林、渔业	276	0.58
电力/热力/燃气及水的生产和供应业	206	0.44
教育	145	0.31
水利/环境和公共设施管理业	139	0.29
卫生和社会工作	81	0.17
其他	56	0.12
合计	47329	100.00

资料来源：根据全国工商企业注册登记数据库整理。

2. 按三次产业分

中国自贸试验区企业利用外资及港、澳、台资总行为的近八成集中在第三产业（服务业），外资企业数量为 42706 家，主要分布在批发和零售、租赁和商务服务、科学研究和技术服务、金融、信息传输/软件和信息技术服务等领域。第二产业 5227 家，占中国自贸试验区企业对外直接投资的 10.84%。其中，制造业（不含金属制品/机械和设备修理业）4500 家，占第二产业的 86.10%；建筑业 517 家，占第二产业的 9.89%；电力/热力/燃气及水的生产和供应业 210 家，占第二产业的 4.02%。第一产业（农、林、牧、渔业，但不含农、林、牧、渔服务业）278 家，占中国自贸试验区企业利用外资及港、澳、台资总行为的 0.58%（见图 6-8）。

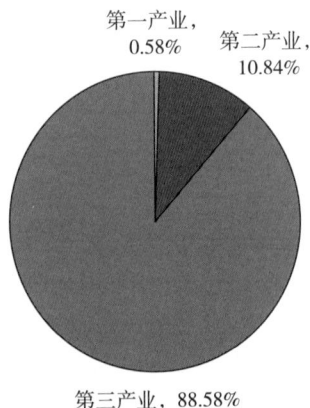

图 6-8　中国自贸试验区利用外资及港、澳、台资的三次产业构成

资料来源：根据全国工商企业注册登记数据库整理。

（三）注册资本分类

从自贸试验区工商企业注册资金分布来看，中国自贸试验区利用外资及港、澳、台资的企业注册资金主要在 100 万元以下，共计 10517 家，占自贸试验区内利用外资及港、澳、台资行为总数的 24.72%。企业注册资金在 100 万~500 万元的共计 9278 家，占自贸试验区内利用外资及港、澳、台资行为总数的 21.81%。企业注册资金在 1 亿元以上的共计 4426 家，占自贸试验区内利用外资及港澳台资行为总数的 18.69%（见图 6-9 和表 6-10）。

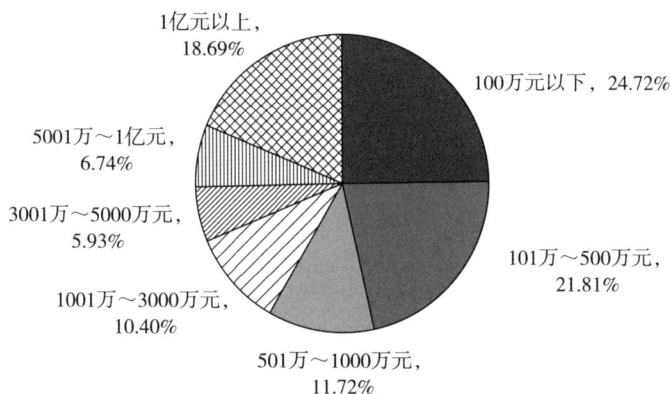

图 6-9　中国自贸试验区利用外资按注册资本分类

资料来源：根据全国工商企业注册登记数据库整理。

表 6-10　全国自贸试验区利用外资情况　　　　　　　　　　单位：万元

片区 ＼ 资本	X≤100	100<X ≤500	500<X ≤1000	1000<X ≤3000	3000<X ≤5000	5000<X ≤10000	X>10000
安徽蚌埠片区	2	9	6	12	0	7	6
安徽合肥片区	49	68	43	55	35	33	54
安徽芜湖片区	10	21	10	21	15	18	35
北京科技创新片区	83	75	67	77	27	41	53
北京高端产业片区	194	176	176	195	106	112	198
北京国际商务服务片区	686	613	319	318	160	157	294
重庆两江片区	204	125	92	89	46	60	166
重庆果园港片区	3	3	4	3	22	6	17

片区 \ 资本	X≤100	100<X≤500	500<X≤1000	1000<X≤3000	3000<X≤5000	5000<X≤10000	X>10000
重庆西永片区	14	16	12	8	0	4	25
福建福州片区	138	127	140	79	63	103	132
福建平潭片区	349	115	112	134	51	45	46
福建厦门片区	67	93	46	36	16	22	42
广东广州南沙新区片区	369	115	108	55	34	73	496
广东深圳前海蛇口片区	203	128	135	94	50	74	168
广东珠海横琴新区片区	431	193	108	47	32	23	36
广西南宁片区	25	61	34	18	13	19	31
广西钦州港片区	12	90	29	20	14	16	40
广西崇左片区	0	4	1	3	0	0	1
海南自贸区	1192	633	646	415	219	229	411
河北雄安片区	0	1	0	0	0	1	0
河北正定片区	3	7	4	1	1	1	3
河北大兴机场片区	0	0	0	0	0	0	0
河北曹妃甸片区	12	20	19	12	24	13	26
河南洛阳片区	9	7	6	4	4	6	8
河南郑州片区	80	54	51	35	38	39	73
河南开封片区	0	0	0	0	0	0	0
黑龙江哈尔滨片区	34	17	17	14	11	7	25
黑龙江黑河片区	11	3	0	1	0	3	2
黑龙江绥芬河片区	17	6	4	3	1	0	1
湖北武汉片区	148	137	79	66	45	41	131
湖北襄阳片区	2	1	4	3	6	8	1
湖北宜昌片区	6	2	9	11	4	8	8
湖南郴州片区	4	6	9	4	7	2	4
湖南长沙片区	17	21	12	17	12	23	31
湖南岳阳片区	0	0	1	3	0	1	2
江苏连云港片区	1	0	3	2	4	4	7
江苏南京片区	39	20	9	9	5	4	20
江苏苏州片区	504	487	226	318	138	160	292
辽宁大连片区	466	265	91	111	61	69	107

续表

资本 片区	X≤100	100<X ≤500	500<X ≤1000	1000<X ≤3000	3000<X ≤5000	5000<X ≤10000	X>10000
辽宁营口片区	9	14	14	9	9	13	35
辽宁沈阳片区	15	10	7	0	0	4	17
山东济南片区	75	107	57	45	31	42	192
山东青岛片区	144	175	69	61	43	60	187
山东烟台片区	105	78	37	79	47	51	109
陕西西安国际港务区片区	18	14	10	7	5	6	77
陕西杨凌示范区片区	3	3	7	4	1	1	1
陕西中心片区	264	180	102	101	61	73	108
上海保税区片区	2108	3046	1125	985	456	460	1711
上海临港新片区	612	410	207	154	99	90	199
上海陆家嘴金融片区	262	383	165	165	83	84	269
上海金桥开发区片区	55	75	37	49	17	34	55
上海张江高科技片区	164	202	90	155	70	79	187
四川川南临港片区	4	1	3	3	0	1	3
四川成都青白江铁路港区 片区	9	5	9	5	3	7	15
四川成都天府新区片区	40	35	18	15	11	13	25
天津滨海新区中心商务区 片区	150	394	119	90	81	73	235
天津港片区	858	83	132	64	174	216	1129
天津机场片区	191	238	127	111	60	108	283
云南德宏片区	19	10	3	3	3	1	3
云南红河片区	1	1	0	2	4	1	0
云南昆明片区	73	38	33	36	18	24	59
浙江舟山离岛片区	8	3	2	1	1	3	7
浙江舟山岛北部片区	0	0	0	0	0	0	0
浙江舟山岛南部片区	7	10	8	4	2	5	53

注：数据截至2022年3月，包括所有同期注册地址在试验区范围内的企业，数据为累计值，包括自贸试验成立前数据，受数据资料可得性影响，未包括浙江省2020年扩容新增的3个片区。

资料来源：根据全国工商企业注册登记数据库外资企业数据整理。

（四）按工商行政管理注册类型分类

从自贸试验区内利用外资及港、澳、台资企业在中国市场监督管理部门的登记注册看，有限责任公司及分公司利用外资投资企业42787家，占总利用外资行为的90.40%，仍然是中国自贸区内对外投资占比最大、最为活跃的群体。其中，外国法人或自然人独资、港澳台独资仍是有限责任公司及分公司的主要资金来源，分别占总利用外资行为的59.19%和30.23%。外国（地区）企业常驻代表机构利用外资企业2286家，占总利用外资行为的4.83%，位列次席。股份有限公司利用外资企业806家，占总利用外资行为的1.71%。

表6-11　中国自贸试验区境内利用外资企业按登记注册构成

工商注册登记类型		数量（家）	比重（%）
有限责任公司及分公司	外商独资	28016	59.19
	其中：港澳台独资	11457	24.21
	中外合资	14309	30.23
	其中：港澳台合资	6962	14.71
	中外合作	183	0.39
	其中：港澳台合作	101	0.21
	其他	279	0.59
合伙企业	外商投资	99	0.21
	其中：港澳台投资	28	0.06
股份有限公司	外商投资	534	1.13
	其中：港澳台投资	63	0.13
	中外合资	264	0.56
	其中：港澳台合资	109	0.23
	其他	8	0.02
非公司企业	外商投资	156	0.33
	其中：港澳台投资	68	0.14
其他机构	外国（地区）企业机构	2286	4.83
	其中：港澳台企业机构	242	0.51
其他		1195	2.52
合计		47329	100.00

资料来源：根据全国工商企业注册登记数据库整理。

（五）省份分布

在中国 21 个自贸试验区内利用外资及港、澳、台资的企业中，外资企业投量较高的省份分别是上海市、天津市、北京市、海南省、广东省、江苏省、山东省、福建省、陕西省、重庆市（见图 6-10）。

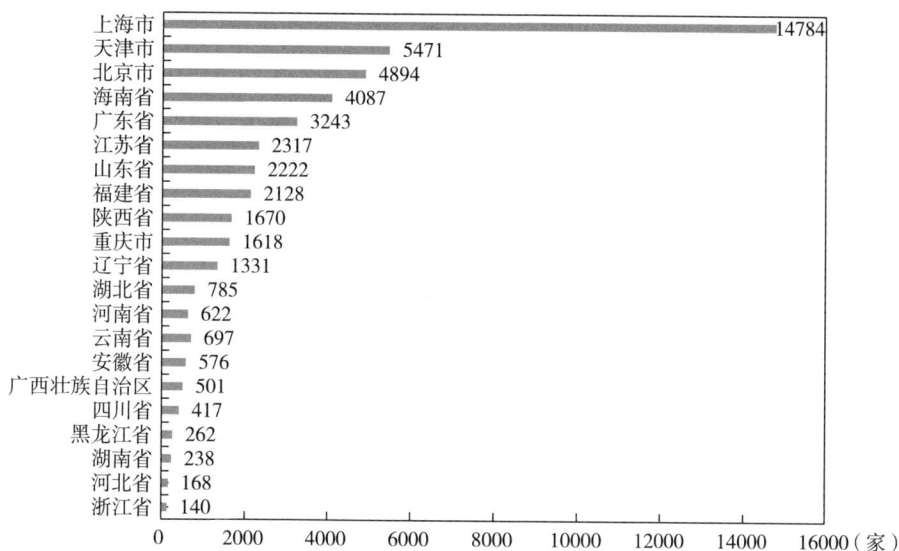

图 6-10　自贸试验区外资企业数

注：受数据资料限制，未统计浙江省 2020 年扩容新增片区，数据截至 2022 年 3 月。

资料来源：根据全国工商企业注册登记数据库统计整理。

在中国 64 个自贸试验片区中，企业利用外资数量较高的自贸试验片区分别是上海保税区片区（包括外高桥保税区、外高桥保税物流园区、上海浦东机场综合保税区和洋山保税区）、海南自贸区、北京国际商务服务片区、天津港东疆片区、江苏苏州片区、上海陆家嘴金融片区、天津滨海新区中心商务区片区、陕西中心片区、重庆两江片区、上海临港新片区（见表 6-12）。

表 6-12　中国自贸试验片区利用外资及港、澳、台资分省份情况

片区	利用投资企业数量（家）	片区	利用投资企业数量（家）
上海保税区片区	9886	湖南长沙片区	178
海南自贸区	4078	陕西西安国际港务区片区	170

片区	利用投资企业数量（家）	片区	利用投资企业数量（家）
北京国际商务服务片区	3109	黑龙江哈尔滨片区	161
天津港片区	2688	河北曹妃甸片区	117
江苏苏州片区	2180	浙江舟山岛南部片区	111
上海陆家嘴金融片区	2025	重庆西永片区	108
天津滨海新区中心商务区片区	579	江苏南京片区	107
陕西中心片区	1471	辽宁营口片区	104
重庆两江片区	1467	安徽芜湖片区	102
上海临港新片区	1450	云南德宏片区	70
北京高端产业片区	1342	黑龙江绥芬河片区	70
广东广州南沙新区片区	1266	河南洛阳片区	67
天津机场片区	1227	湖北宜昌片区	66
辽宁大连片区	1163	辽宁沈阳片区	59
广东深圳前海蛇口片区	1001	四川成都青白江铁路港区片区	56
上海张江高科技片区	988	湖南郴州片区	49
广东珠海横琴新区片区	875	安徽蚌埠片区	48
福建平潭片区	860	四川川南新区	47
福建福州片区	844	重庆果园港片区	44
山东青岛片区	789	湖北襄阳片区	31
山东济南片区	788	黑龙江黑河片区	28
湖北武汉片区	688	河北雄安片区	27
山东烟台片区	634	云南红河片区	25
云南昆明片区	596	浙江舟山岛北部片区	25
河南郑州片区	549	河北正定片区	21
北京科技创新片区	459	河北大兴机场片区	19
上海金桥开发区片区	446	广西崇左片区	10
安徽合肥片区	384	江苏连云港片区	17
福建厦门片区	352	陕西杨凌示范区片区	12
四川成都天府新区片区	312	湖南岳阳片区	11
广西南宁片区	245	河南开封片区	4
广西钦州港片区	230	浙江舟山离岛片区	0

注：受数据资料限制，未统计浙江省2020年扩容新增片区。

资料来源：根据全国工商企业注册登记数据库统计整理。

综上所述，与没有设立自贸试验区的城市相比，设立自贸试验区的城市的对外投资和利用外资及港、澳、台资均有显著的增长，且中国自贸试验区内企业的利用外资及港、澳、台资行为明显较区内企业的对外投资行为更加频繁。对外投资和利用外资及港、澳、台资集中在租赁和商务服务业、批发和零售业、科学研究和技术服务业，且主要通过法人或自然人独资的有限责任公司进行。在此基础上，本书进一步发现，沿海地区自贸试验区利用外资的幅度要高于内地；在沿海，与长三角地区和京津冀地区相比，珠三角地区的自贸试验区对外资和港、澳、台资有更强的吸引力，且仍是对外投资和利用外资及港、澳、台资的主导力量。较为遗憾的是缺少自贸试验区利用外资所属国别数据，故无法比较对外投资和利用外资的国别偏好。

第七章 自由贸易试验区高质量发展指数

建设自贸试验区是党中央、国务院全面深化改革和扩大开放的战略举措。自贸试验区建设的核心是推进制度创新、深化改革、扩大开放、促进产业发展、引领经济高质量增长。为了将大数据分析结果综合为反映自贸试验区发展的综合指数，本书确定了制度创新、经济发展、市场主体、对外开放四个一级指标，立足自贸试验区核心任务的优先性，通过专家打分法，确定四个一级指标权重①，进而得出自贸试验区高质量发展指数。

一、研究背景及方法

从 2013 年上海自贸试验区设立以来，我国自贸试验区建设发展积累了大量的发展经验，也取得了卓著发展成效。目前，这些建设成效主要通过两种形式进行发布和展示。一是以商务部作为主管部门会同相关部门发布建设成效和进展，但受披露频次、披露形式和内容的影响，对各个片区的数据披露不充分；二是以高校智库为主的研究机构发表的学术论文、出版的蓝皮书等研究成果，但数据的制约明显。整体来看，目前自贸试验区相关研究的整体数据不充分，不同年度成果不连续、不可比等问题较为突出，难以满足自贸区管理者、研究者和其他各界关心自贸试验区发展的群体获取全面有效资料数据的需求。

为此，在综合现有资料数据的基础上，本书聚焦自贸试验区高质量发展，围绕制度创新、经济发展、市场主体、对外开放等方面，依托全国工商企业登记数

---

① 根据自贸试验区制度创新和扩大开放的绝对优先性，专家打分法的结果：制度创新、对外开放均为 40%，经济发展、市场主体均为 10%。

据、工业企业数据、海关企业数据、上市公司数据等微观数据源，借助基于 Arc-gis 的灯光数据分析、基于 Python 的文本分析等，构建制度创新、经济发展、市场主体、对外开放 4 个一级指标，并构建二、三级指标体系，构建自贸试验区高质量发展指数，从而对全国 64 个自贸试验区片区进行测算和分析比较。这是目前使用大型微观数据源最多的自贸试验区分析成果，在很大程度上破解了既往研究中关于自贸试验区数据不足问题，与现有成果形成了很好的互补性，对理论和实践研究都具有较强参考价值，也是本书综合创新的集中体现（见图 7-1）。

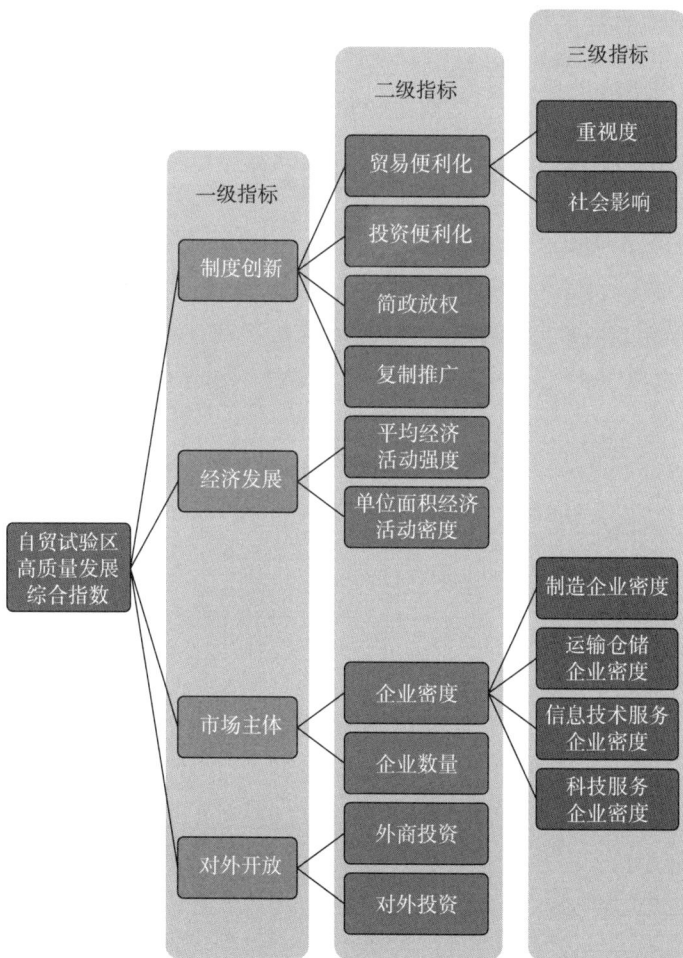

图 7-1　自贸试验区高质量发展指标体系

二、自由贸易试验区高质量发展指数

自贸试验区高质量发展指数包括制度创新、经济发展、市场主体、对外开放四个一级指标，并在自由贸易试验区整体和片区两个层面分别对相关指标进行测算和排序。其中，片区层面的数据及排序直接根据二、三级指标直接测算得出。省级整体指标是在片区指标基础上，以片区规划建设面积占比作为权重，合成省级指标。其中，由于制度创新的特殊性，省级指标没有采取片区加权方式，而是将省级自贸试验区作为整体，按照自贸实验片区的测算方法进行了重新测算。

（一）自由贸易试验区高质量发展指数

自贸试验区高质量发展指数测算结果显示，上海遥遥领先其他区域，其后依次为河南、广东、海南和福建。其中，制度创新最活跃的依次是海南、上海、河南、福建、广东；对外开放水平最高的依次是上海、广东、北京、天津和山东（见表7-1）。

表 7-1 自贸试验区高质量发展指数

省份	制度创新	经济发展	市场主体	对外开放	加权分值
上海	52.52	89.29	55.29	100.00	85.50
河南	52.35	43.64	212.27	4.20	46.94
广东	41.41	49.76	89.85	30.72	46.30
海南	61.21	0.00	3.23	13.86	45.26
福建	50.21	31.64	69.53	14.60	43.42
北京	23.06	42.96	299.07	28.57	38.54
天津	26.67	56.46	180.73	22.60	36.24
辽宁	38.21	41.42	106.39	5.95	33.64
山东	17.37	43.07	212.87	16.12	26.52
四川	25.43	45.48	128.27	6.99	26.05
广西	32.93	20.95	93.29	2.51	25.71
湖北	25.76	26.55	171.81	5.39	24.99
陕西	15.83	48.22	192.52	9.39	22.58

续表

省份	制度创新	经济发展	市场主体	对外开放	加权分值
云南	18.93	34.10	174.41	4.40	20.61
江苏	9.81	46.18	119.82	14.53	17.64
安徽	14.67	32.53	113.68	5.18	15.63
浙江	13.49	83.03	16.15	1.25	15.55
重庆	7.82	27.51	146.29	9.20	12.86
河北	13.75	15.70	19.56	0.82	8.14
黑龙江	6.65	34.09	56.00	4.05	7.62
湖南	5.65	25.63	49.22	1.80	4.82

（二）自由贸易试验片区高质量发展指数

自贸试验片区高质量发展指数测算结果显示，上海保税区片区、上海临港新片区、广东深圳前海蛇口片区、河南郑州片区、福建厦门片区发展指数较高（见表7-2）。

表7-2　自贸试验片区高质量发展指数

自贸试验片区	制度创新	经济发展	市场主体	对外开放	分值
上海保税区片区	0.53	52.97	41.18	100.00	49.627
上海临港新片区	48.25	33.54	12.97	28.80	35.471
广东深圳前海蛇口片区	32.51	43.76	23.62	36.88	34.494
河南郑州片区	55.06	33.04	38.47	7.07	32.003
福建厦门片区	51.69	38.92	8.45	10.62	29.661
云南昆明片区	36.97	35.25	40.91	6.30	24.924
福建福州片区	40.64	17.34	26.97	10.33	24.819
辽宁营口片区	50.81	21.88	16.54	0.69	24.442
江苏苏州片区	15.68	43.26	40.70	24.41	24.432
辽宁大连片区	31.77	24.69	45.06	8.83	23.215
北京国际商务服务片区	0.78	39.99	49.25	34.75	23.136
山东济南片区	18.90	24.69	63.87	14.84	22.352
上海陆家嘴金融片区	0.95	51.55	9.52	39.03	22.099
辽宁沈阳片区	41.45	36.98	6.13	0.30	21.011

续表

自贸试验片区	制度创新	经济发展	市场主体	对外开放	分值
湖北武汉片区	24.27	22.77	41.68	8.95	19.733
山东青岛片区	22.88	34.60	19.97	8.28	17.921
山东烟台片区	17.47	26.63	42.24	6.41	16.439
广西钦州港片区	31.99	8.75	19.39	1.67	16.278
河南开封片区	31.39	32.39	2.95	0.02	16.098
广西南宁片区	25.69	25.76	18.92	2.25	15.644
福建平潭片区	30.37	6.41	5.10	5.70	15.579
浙江舟山离岛片区	13.69	100.00	0.00	0.00	15.476
陕西中心片区	3.15	38.70	45.34	14.01	15.268
广东广州南沙新区片区	9.11	28.50	16.13	16.25	14.607
安徽合肥片区	13.80	28.54	35.71	6.24	14.441
四川川南临港片区	27.53	11.40	17.50	0.08	13.934
天津机场片区	2.63	42.42	29.13	13.19	13.483
四川成都天府新区片区	3.61	39.37	13.64	13.62	12.193
重庆两江片区	0.58	22.34	40.28	13.73	11.986
天津滨海新区中心商务区片区	0.65	50.97	35.47	7.31	11.828
天津港片区	2.57	16.33	17.62	17.97	11.611
广西崇左片区	23.00	4.20	8.10	0.39	10.586
河南洛阳片区	13.36	20.55	27.68	0.51	10.371
江苏南京片区	11.92	29.41	14.56	1.13	9.617
河北曹妃甸片区	19.18	6.82	8.67	0.68	9.493
黑龙江黑河片区	11.54	27.76	6.76	3.17	9.336
四川成都青白江铁路港区片区	5.48	30.07	38.03	0.37	9.150
北京科技创新片区	0.00	21.09	34.75	8.72	9.072
浙江舟山岛南部片区	13.77	17.50	9.29	2.16	9.051
湖北宜昌片区	14.22	13.09	17.49	0.59	8.982
河北正定片区	18.18	8.32	5.59	0.36	8.807
上海金桥开发区片区	2.10	38.08	8.20	8.15	8.728
安徽芜湖片区	11.45	11.48	16.92	2.70	8.500
北京高端产业片区	0.32	23.03	32.27	6.79	8.374
上海张江高科技片区	0.91	44.23	12.37	5.00	8.024
广东珠海横琴新区片区	4.81	30.47	6.60	5.44	7.807

自贸试验片区	制度创新	经济发展	市场主体	对外开放	分值
黑龙江哈尔滨片区	6.29	27.33	12.60	2.25	7.409
江苏连云港片区	13.47	12.83	4.60	0.42	7.299
安徽蚌埠片区	7.39	22.33	15.66	0.92	7.123
浙江舟山岛北部片区	13.77	9.68	4.63	0.21	7.023
湖南长沙片区	3.21	28.81	15.73	2.84	6.874
云南德宏片区	8.64	19.17	7.25	1.28	6.610
陕西西安国际港务区片区	2.91	27.90	10.21	2.37	5.923
黑龙江绥芬河片区	6.95	8.72	10.85	2.63	5.789
湖南郴州片区	10.26	4.01	10.29	0.42	5.702
湖北襄阳片区	6.71	13.68	11.93	0.24	5.341
云南红河片区	9.36	0.87	4.20	0.29	4.367
重庆西永片区	0.56	14.68	16.76	1.72	4.056
陕西杨凌示范区片区	0.50	20.12	12.18	0.06	3.454
河北大兴机场片区	5.49	8.49	0.93	0.10	3.178
湖南岳阳片区	5.23	6.80	3.04	0.06	3.100
河北雄安片区	2.61	10.60	2.49	0.22	2.441
重庆果园港片区	0.96	15.40	2.50	0.64	2.430

三、自由贸易试验区制度创新指数

自贸试验区制度创新指数下设四个二级指标，即贸易便利化、投资便利化、简政放权、复制推广，均在自贸试验区和片区两个层级上进行测度。

省级自贸试验区层面的指标均根据试验区所属省级政府官网公开的文件进行对应关键词词频统计整理而得，文件范围为省政府、省政府办公厅出台的以自贸试验区为主题的专门文件。其中，由于重庆、天津、上海设在直辖市，所以相应地将市级政府官网上市政府、市政府办公厅发布的文件作为词频统计的文本来源。北京自贸试验区市政府官网上以自贸试验区为主题的文件均为市政府下属职能部门发文，二级指标的北京自贸试验区指标部分缺失，为保持结果可比性，重视度用直辖市均值替代。

制度创新指数指标分为重视度和社会影响两个维度，分别对二级指标进行测算。重视度是根据各片区所属的市政府、市政府办公室（厅）在政府官网上发布的以自贸试验区为主题的文件进行关键词词频统计得出的，体现地方政府对相关工作的重视程度。但由于有七个片区找不到相关市级文件，以及若干片区的市级文件数量太少，导致词频结果为零等问题，重视度数据存在大量缺失。因此为了补足数据，也为了更全面地反映片区层面在制度创新与复制推广上所做出的努力，加上了社会影响这个三级指标，该指标数值等于在知网的中国重要报纸全文数据库中对各二级指标关键词进行专业检索所得的检索结果条目数量，体现了自贸试验区制度创新成果的社会影响力。一级指标以片区面积占比为权重将各二级指标加总计算得出，并最终得到自贸区层面的制度创新指数，具体指标数值如表7-3所示。

（一）自由贸易试验区制度创新指数

自贸试验区制度创新指数显示，制度创新指数较高的省份依次为海南、上海、河南、福建和广东。其中，从文件层面，最重视制度创新的省份依次是上海、广东、海南、河南、福建，制度创新的社会影响较大的省份依次是海南、辽宁、福建、河南、广西（见表7-3）。

表7-3 制度创新指数

省份	重视度	社会影响	分值
海南	58.82	63.59	61.21
上海	72.59	32.45	52.52
河南	56.02	48.68	52.35
福建	47.44	52.98	50.21
广东	71.16	11.66	41.41
辽宁	14.65	61.78	38.21
广西	20.44	45.42	32.93
天津	49.05	4.30	26.67
湖北	32.89	18.64	25.76
四川	41.61	9.26	25.43
北京	45.11	1.00	23.06

省份	重视度	社会影响	分值
云南	20.56	17.30	18.93
山东	4.02	30.72	17.37
陕西	28.18	3.49	15.83
安徽	12.76	16.58	14.67
河北	12.38	15.12	13.75
浙江	10.95	16.03	13.49
江苏	8.20	11.42	9.81
重庆	13.68	1.96	7.82
黑龙江	2.77	10.53	6.65
湖南	2.10	9.20	5.65

注：北京自贸试验区由于文件差异（均为职能部门发文），为保持结果可比性，词频采用直辖市均值替代。

资料来源：根据试验区所属省级政府官网公开文件分析整理，文件范围为省级政府出台的以自贸试验区为主题的专门文件。

上海自贸试验区制度创新指数较高，一方面是因为其设立时间最长，发布的相关文件的数量较多；另一方面也体现了上海作为全国第一个自贸试验区在制度创新上所付出的努力。但上海在利用报纸、期刊媒体宣传制度创新成果上的努力略显欠缺，社会影响指标在所有自贸试验区中排名第五。海南自贸试验区尽管2018年才建立，但定位兼具了自由贸易试验区和比自贸试验区开放程度更高的自由贸易港，且区划涵盖海南岛全岛，体现了在我国建设国内自由贸易试验区过程中海南对外开放的标杆地位，意味着海南更全面、更高水平的对外开放。因此，在后续的二级指标中，也能看到海南的制度创新指数排名第一、社会影响指数排名第一，制度创新的复制推广工作及宣传工作影响力显著。

另外，广西自贸试验区的社会影响表现较为突出。从重视度指标来看，上海、广东、海南、河南、天津、福建、北京均有不错的表现，重视度分值都在45以上。

（二）自由贸易试验片区制度创新指数

自贸试验片区的制度创新主要从工作力度和社会影响两方面测度。考虑数据可得性，工作力度主要从片区所属地方政府对相关工作的重视度测度。具体地，对片区所属地方政府出台的相关文件进行文本分析，通过建立的主题词库，从中提取相关文件的关键词频，作为地方政府对片区相关工作的重视度的测度指标。考虑到包括直辖市，部分片区管委会属于省政府机构，相关文件同时考虑了省级、所在地级市的文件。为了保持数据可比性和准确度，本书主要收集了各个地方以自贸试验区为主题的相关文件，基于此进行片区相关领域重视度的分析。社会影响方面，根据数据可得性，主要分析各自贸试验片区分主题报纸、期刊宣传情况，通过在报纸、期刊进行相关主题宣传的频次来体现片区的社会影响，该分析主要基于知网报纸、期刊数据库完成。在统计词频基础上，对数据进行归一化处理，再乘以100[①]。在上述指标基础上，根据专家打分法确定指标权重，从而形成全国自贸试验片区的制度创新综合分值（见表7-4）。

表7-4 自贸试验片区制度创新指数

自贸试验片区	贸易便利化	投资便利化	简政放权	复制推广	综合分值
河南郑州片区	80.25	38.32	61.34	40.34	55.06
福建厦门片区	44.05	70.52	59.59	32.61	51.69
辽宁营口片区	46.32	34.67	64.14	58.12	50.81
上海临港新片区	42.99	50.00	50.00	50.00	48.25
辽宁沈阳片区	69.90	38.38	23.52	34.01	41.45
福建福州片区	57.96	27.77	21.86	54.98	40.64
云南昆明片区	34.34	39.23	37.13	37.18	36.97
广东深圳前海蛇口片区	41.20	28.01	11.66	49.16	32.51
广西钦州港片区	50.41	19.00	44.32	14.24	31.99
辽宁大连片区	49.74	21.87	25.51	29.96	31.77
河南开封片区	43.95	13.94	46.22	21.43	31.39
福建平潭片区	31.52	21.60	17.21	51.16	30.37
四川川南临港片区	31.67	26.44	27.69	24.33	27.53
广西南宁片区	50.15	15.54	22.69	14.39	25.69
湖北武汉片区	29.75	30.01	9.06	28.24	24.27
广西崇左片区	60.38	13.83	7.09	10.69	23.00
山东青岛片区	40.13	8.37	35.70	7.31	22.88

---

① 为避免缺失值带来不合理影响，对于数据缺失的片区可以考虑用全国所有片区相关主题最小值补齐，但为了保证结果的真实性，本书未做这样的处理。

自贸试验片区	贸易便利化	投资便利化	简政放权	复制推广	综合分值
河北曹妃甸片区	23.00	17.89	25.94	9.88	19.18
山东济南片区	27.04	12.79	13.79	21.96	18.90
河北正定片区	28.84	17.20	13.28	13.40	18.18
山东烟台片区	17.83	18.13	24.76	9.14	17.47
江苏苏州片区	12.29	16.74	7.38	26.31	15.68
湖北宜昌片区	18.12	16.29	8.76	13.69	14.22
安徽合肥片区	20.24	14.81	6.63	13.51	13.80
浙江舟山岛南部片区	25.18	16.55	9.30	4.05	13.77
浙江舟山岛北部片区	25.18	16.55	9.30	4.05	13.77
浙江舟山离岛片区	24.86	16.55	9.30	4.05	13.69
江苏连云港片区	27.85	5.75	9.04	11.22	13.47
河南洛阳片区	13.06	8.57	22.67	9.14	13.36
江苏南京片区	10.51	13.75	9.30	14.12	11.92
黑龙江黑河片区	23.89	7.02	10.03	5.21	11.54
安徽芜湖片区	15.72	13.94	11.29	4.85	11.45
湖南郴州片区	21.26	4.69	8.35	6.73	10.26
云南红河片区	14.48	8.76	11.02	3.17	9.36
广东广州南沙新区片区	14.32	2.16	4.12	15.84	9.11
云南德宏片区	3.35	7.26	16.32	7.64	8.64
浙江杭州片区	13.24	5.28	1.24	11.79	7.89
安徽蚌埠片区	11.00	1.39	4.76	12.40	7.39
黑龙江绥芬河片区	9.70	5.96	7.21	4.93	6.95
浙江金义片区	14.97	1.39	6.10	4.49	6.74
湖北襄阳片区	14.33	2.79	7.56	2.16	6.71
黑龙江哈尔滨片区	6.37	4.75	10.87	3.16	6.29
河北大兴机场片区	9.24	4.38	4.36	3.99	5.49
四川成都青白江铁路港区片区	11.59	4.28	2.27	3.78	5.48
湖南岳阳片区	11.30	4.47	1.66	3.47	5.23
浙江宁波片区	10.19	2.19	3.79	4.15	5.08
广东珠海横琴新区片区	1.95	6.22	3.38	7.67	4.81
四川成都天府新区片区	3.63	3.89	3.14	3.78	3.61
湖南长沙片区	3.82	3.39	2.62	2.99	3.21

自贸试验片区	贸易便利化	投资便利化	简政放权	复制推广	综合分值
陕西中心片区	5.01	2.20	1.61	3.76	3.15
陕西西安国际港务区片区	4.37	2.20	1.32	3.76	2.91
天津机场片区	7.96	0.00	1.74	0.83	2.63
河北雄安片区	2.23	2.79	4.07	1.33	2.61
天津港片区	6.05	2.19	2.03	0.00	2.57
上海金桥开发区片区	4.14	1.20	1.74	1.33	2.10
重庆果园港片区	3.82	0.00	0.00	0.00	0.96
上海陆家嘴金融片区	1.59	0.40	1.16	0.66	0.95
上海张江高科技片区	1.59	0.40	1.16	0.50	0.91
北京国际商务服务片区	2.23	0.60	0.29	0.00	0.78
天津滨海新区中心商务区片区	0.64	0.20	1.74	0.00	0.65
重庆两江片区	1.27	0.20	0.00	0.83	0.58
重庆西永片区	2.23	0.00	0.00	0.00	0.56
上海保税区片区	1.59	0.00	0.00	0.33	0.53
陕西杨凌示范区片区	0.32	0.00	0.00	1.66	0.50
北京高端产业片区	0.00	0.40	0.87	0.00	0.32
北京科技创新片区	0.00	0.00	0.00	0.00	0.00

注：由于采用归一化处理后加强，表中 0 值对应指标最小值，而非原指标绝对值为 0，下同。

资料来源：根据自贸试验片区所在市政府官网公开文件分析整理，文件范围为市委、市政府出台的以自贸试验区为主题的专门文件。

河南郑州片区、福建厦门片区、辽宁营口片区、上海临港新片区、辽宁沈阳片区、福建福州片区、云南昆明片区，在贸易便利化、投资便利化、简政放权、复制推广四个维度的制度创新上表现均较为突出，但也体现了一定的差异性，如河南郑州片区、辽宁沈阳片区对贸易便利化的重视程度比对其他三个维度的明显更高，上海临港新片区和云南昆明片区在四个维度上的表现程度比较均衡。

（三）制度创新二级指标测算

1. 贸易便利化制度创新指数

贸易便利化专题中，本书借鉴相关主题的文献，文本分析选定的检索关键词包括电商、检验检疫、物流（联运、运输）、保税、通关（海关）。对应的制度创新包括跨境电商监管新模式、跨境电商零售进口退货中心仓模式；第三方检验结果采信、进口货物预检验；简化外锚地保税燃料油加注船舶入出境手续；"保税混矿"监管创新、保税燃料油跨港区供应模式；国际航行船舶进出境通关全流程"一单多报"等，多角度体现了自贸试验区针对国际贸易全流程所做出的制度创新举措。分析结果如表7-5和表7-6所示。

表7-5　自贸试验区贸易便利化制度创新指数

省份	总词频	分值
河南	546	100.00
广东	414	75.37
天津	275	49.44
四川	260	46.64
福建	257	46.08
海南	218	38.81
上海	186	32.84
陕西	161	28.17
广西	155	27.05
浙江	150	26.12
湖北	124	21.27
安徽	123	21.08
云南	113	19.22
重庆	93	15.49
河北	57	8.77
江苏	38	5.22
湖南	37	5.04
辽宁	35	4.66
山东	34	4.48
黑龙江	10	0.00

表7-6　自贸试验片区贸易便利化制度创新指数

自贸试验片区	社会影响	重视度	分值
河南郑州片区	60.51	100.00	80.25
辽宁沈阳片区	77.71	62.10	69.90
广西崇左片区	59.24	61.52	60.38

自贸试验片区	社会影响	重视度	分值
福建福州片区	67.52	48.40	57.96
广西钦州港片区	92.36	8.45	50.41
广西南宁片区	100.00	0.29	50.15
辽宁大连片区	66.24	33.24	49.74
辽宁营口片区	50.96	41.69	46.32
福建厦门片区	76.43	11.66	44.05
河南开封片区	87.90	0.00	43.95
上海临港新片区	85.99	0.00	42.99
广东深圳前海蛇口片区	22.93	59.48	41.20
山东青岛片区	80.25	0.00	40.13
云南昆明片区	60.51	8.16	34.34
四川川南临港片区	31.85	31.49	31.67
福建平潭片区	14.65	48.40	31.52
湖北武汉片区	21.02	38.48	29.75
河北正定片区	47.77	9.91	28.84
江苏连云港片区	38.22	17.49	27.85
山东济南片区	36.31	17.78	27.04
浙江舟山岛南部片区	2.55	47.81	25.18
浙江舟山岛北部片区	2.55	47.81	25.18
浙江舟山离岛片区	1.91	47.81	24.86
黑龙江黑河片区	47.77	0.00	23.89
河北曹妃甸片区	33.76	12.24	23.00
湖南郴州片区	30.57	11.95	21.26
安徽合肥片区	30.57	9.91	20.24
湖北宜昌片区	11.46	24.78	18.12
山东烟台片区	35.67	0.00	17.83
安徽芜湖片区	30.57	0.87	15.72
浙江金义片区	29.94	0.00	14.97
云南红河片区	28.66	0.29	14.48
湖北襄阳片区	28.66	0.00	14.33
广东广州南沙新区片区	24.84	3.79	14.32
浙江杭州片区	6.37	20.12	13.24

续表

自贸试验片区	社会影响	重视度	分值
河南洛阳片区	26.11	0.00	13.06
江苏苏州片区	11.46	13.12	12.29
四川成都青白江铁路港区片区	19.11	4.08	11.59
湖南岳阳片区	19.11	3.50	11.30
安徽蚌埠片区	5.10	16.91	11.00
江苏南京片区	21.02	0.00	10.51
浙江宁波片区	20.38	0.00	10.19
黑龙江绥芬河片区	19.11	0.29	9.70
河北大兴机场片区	18.47	0.00	9.24
天津机场片区	15.92	0.00	7.96
黑龙江哈尔滨片区	12.74	0.00	6.37
天津港片区	12.10	0.00	6.05
陕西中心片区	1.27	8.75	5.01
陕西西安国际港务区片区	0.00	8.75	4.37
上海金桥开发区片区	8.28	0.00	4.14
重庆果园港片区	7.64	0.00	3.82
湖南长沙片区	7.64	0.00	3.82
四川成都天府新区片区	3.18	4.08	3.63
云南德宏州片区	0.00	6.71	3.35
重庆西永片区	4.46	0.00	2.23
河北雄安片区	4.46	0.00	2.23
北京国际商务服务片区	4.46	0.00	2.23
广东珠海横琴新区片区	1.27	2.62	1.95
上海张江高科技片区	3.18	0.00	1.59
上海陆家嘴金融片区	3.18	0.00	1.59
上海保税区片区	3.18	0.00	1.59
重庆两江片区	2.55	0.00	1.27
天津滨海新区中心商务区片区	1.27	0.00	0.64
陕西杨凌示范区片区	0.64	0.00	0.32
北京科技创新片区	0.00	0.00	0.00
北京高端产业片区	0.00	0.00	0.00

根据表7-6发现，河南郑州片区、辽宁沈阳片区、广西崇左片区、福建福州片区、广西钦州港片区的贸易便利化制度创新指数较高。进一步比较后发现，在自贸试验区层面河南的贸易便利化制度创新指数排名第一（见表7-5），且片区层面河南郑州、河南开封分别位列第一和第十，河南洛阳片区在所有片区的排名比较居中，可见同一个自由贸易试验区内各片区的制度改革方向的差异已较为明显。

2. 投资便利化制度创新指数

投资便利化部分，文本分析采用的检索关键词包括外汇、外资、市场准入、股权（股份、控股、持股等）、许可、知识产权（商标权、专利权、版权等）。对应的制度创新包括外商投资企业外汇资本金意愿结汇、直接投资项下外汇登记及变更登记下放银行办理；允许设立股份制外资投资性公司；动植物及其产品检疫审批负面清单管理；股权转让登记远程确认服务；边检行政许可网上办理、取消生产许可证委托加工备案；知识产权证券化等，包括了自贸区从投资准入到投资权益保障全过程的制度创新，结果如表7-7和表7-8所示。

表7-7　自贸试验区投资便利化制度创新指数

省份	总词频	分值
上海	343	100.00
海南	342	99.69
天津	257	73.62
广东	218	61.66
河南	178	49.39
福建	165	45.40
四川	146	39.57
湖北	110	28.53
云南	87	21.47
陕西	86	21.17
河北	66	15.03
重庆	61	13.50
辽宁	56	11.96
安徽	53	11.04
江苏	49	9.82
浙江	47	9.20

省份	总词频	分值
广西	38	6.44
黑龙江	30	3.99
湖南	28	3.37
山东	17	0.00

表 7-8　自贸试验片区投资便利化制度创新指数

自贸试验片区	社会影响	重视度	分值
福建厦门片区	41.04	100.00	70.52
上海临港新片区	100.00	0.00	50.00
云南昆明片区	45.02	33.45	39.23
辽宁沈阳片区	27.09	49.66	38.38
河南郑州片区	10.76	65.88	38.32
辽宁营口片区	13.94	55.41	34.67
湖北武汉片区	10.36	49.66	30.01
广东深圳前海蛇口片区	3.98	52.03	28.01
福建福州片区	18.73	36.82	27.77
四川川南临港片区	5.58	47.30	26.44
辽宁大连片区	14.34	29.39	21.87
福建平潭片区	6.37	36.82	21.60
广西钦州港片区	21.12	16.89	19.00
山东烟台片区	36.25	0.00	18.13
河北曹妃甸片区	13.15	22.64	17.89
河北正定片区	15.14	19.26	17.20
江苏苏州片区	9.16	24.32	16.74
浙江舟山离岛片区	0.00	33.11	16.55
浙江舟山岛南部片区	0.00	33.11	16.55
浙江舟山岛北部片区	0.00	33.11	16.55
湖北宜昌片区	3.19	29.39	16.29
广西南宁片区	31.08	0.00	15.54
安徽合肥片区	5.98	23.65	14.81
河南开封片区	27.89	0.00	13.94

自贸试验片区	社会影响	重视度	分值
安徽芜湖片区	5.58	22.30	13.94
广西崇左片区	6.37	21.28	13.83
江苏南京片区	27.49	0.00	13.75
山东济南片区	12.75	12.84	12.79
云南红河片区	6.37	11.15	8.76
河南洛阳片区	17.13	0.00	8.57
山东青岛片区	16.73	0.00	8.37
云南德宏片区	0.00	14.53	7.26
黑龙江黑河片区	7.97	6.08	7.02
广东珠海横琴新区片区	3.98	8.45	6.22
黑龙江绥芬河片区	2.79	9.12	5.96
江苏连云港片区	6.77	4.73	5.75
浙江杭州片区	2.79	7.77	5.28
黑龙江哈尔滨片区	9.16	0.34	4.75
湖南郴州片区	3.98	5.41	4.69
湖南岳阳片区	3.19	5.74	4.47
河北大兴机场片区	8.76	0.00	4.38
四川成都青白江铁路港区片区	0.80	7.77	4.28
四川成都天府新区片区	0.00	7.77	3.89
湖南长沙片区	6.77	0.00	3.39
湖北襄阳片区	5.58	0.00	2.79
河北雄安片区	5.58	0.00	2.79
陕西中心片区	0.00	4.39	2.20
陕西西安国际港务区片区	0.00	4.39	2.20
浙江宁波片区	4.38	0.00	2.19
天津港片区	4.38	0.00	2.19
广东广州南沙新区片区	3.98	0.34	2.16
浙江金义片区	2.79	0.00	1.39
安徽蚌埠片区	2.79	0.00	1.39
上海金桥开发区片区	2.39	0.00	1.20
北京国际商务服务片区	1.20	0.00	0.60
上海张江高科技片区	0.80	0.00	0.40

续表

自贸试验片区	社会影响	重视度	分值
上海陆家嘴金融片区	0.80	0.00	0.40
北京高端产业片区	0.80	0.00	0.40
重庆两江片区	0.40	0.00	0.20
浙江舟山片区	0.40	0.00	0.20
天津滨海新区中心商务区片区	0.40	0.00	0.20
上海保税区片区	0.40	0.00	0.20
重庆西永片区	0.00	0.00	0.00
重庆果园港片区	0.00	0.00	0.00
天津机场片区	0.00	0.00	0.00
陕西杨凌示范区片区	0.00	0.00	0.00
北京科技创新片区	0.00	0.00	0.00

投资便利化方面，福建厦门片区、上海临港新片区、云南昆明片区、辽宁沈阳片区、河南郑州片区别位列前五，特别注意到相比贸易便利化、简政放权、复制推广，云南昆明片区在投资便利化上的制度创新表现较为突出，且政府重视度和社会影响力表现较为均衡，说明昆明片区在推进贸易投资便利化改革上发力较多。

3. 简政放权制度创新

简政放权方面，文本分析选择的主题关键词包括审批、事项、委托、权限下放（赋权、授权、放权等）、职能、取消。涉及包括负面清单以外领域外商投资企业设立及变更审批改革、低风险生物医药特殊物品行政许可审批改革；网上办理跨区域涉税事项、优化涉税事项办理程序压缩办理时限；"委托公证+政府询价+异地处置"财产执行云处置模式；取消生产许可证委托加工备案等。关键词相关检索条目涵盖了各类深化"放管服"改革、简化行政手续、优化审批服务流程等，能够有效地体现放权赋能的自贸区简政放权政策，结果如表7-9和表7-10所示。

表7-9　自贸试验区简政放权制度创新指数

省份	总词频	分值
上海	603	100.00

省份	总词频	分值
海南	505	82.53
天津	437	70.41
四川	333	51.87
广东	309	47.59
河南	277	41.89
广西	246	36.36
福建	234	34.22
陕西	193	26.92
湖北	189	26.20
辽宁	177	24.06
河北	151	19.43
云南	143	18.00
江苏	138	17.11
重庆	105	11.23
黑龙江	70	4.99
安徽	69	4.81
山东	66	4.28
浙江	44	0.36
湖南	42	0.00

表 7-10　自贸试验片区简政放权制度创新指数

自贸试验片区	社会影响	重视度	分值
辽宁营口片区	44.77	83.51	64.14
河南郑州片区	22.67	100.00	61.34
福建厦门片区	29.07	90.11	59.59
上海临港新片区	100.00	0.00	50.00
河南开封片区	92.44	0.00	46.22
广西钦州港片区	59.88	28.76	44.32
云南昆明片区	47.09	27.18	37.13
山东青岛片区	61.63	9.76	35.70
四川川南临港片区	19.77	35.62	27.69

续表

自贸试验片区	社会影响	重视度	分值
河北曹妃甸片区	26.16	25.73	25.94
辽宁大连片区	32.56	18.47	25.51
山东烟台片区	44.77	4.75	24.76
辽宁沈阳片区	33.72	13.32	23.52
广西南宁片区	37.21	8.18	22.69
河南洛阳片区	45.35	0.00	22.67
福建福州片区	19.19	24.54	21.86
福建平潭片区	9.88	24.54	17.21
云南德宏片区	16.28	16.36	16.32
山东济南片区	15.70	11.87	13.79
河北正定片区	13.37	13.19	13.28
广东深圳前海蛇口片区	8.14	15.17	11.66
安徽芜湖片区	8.72	13.85	11.29
云南红河片区	5.81	16.23	11.02
黑龙江哈尔滨片区	19.77	1.98	10.87
黑龙江黑河片区	15.70	4.35	10.03
江苏南京片区	18.60	0.00	9.30
浙江舟山离岛片区	0.00	18.60	9.30
浙江舟山岛南部片区	0.00	18.60	9.30
浙江舟山岛北部片区	0.00	18.60	9.30
湖北武汉片区	10.47	7.65	9.06
江苏连云港片区	15.70	2.37	9.04
湖北宜昌片区	11.05	6.46	8.76
湖南郴州片区	15.12	1.58	8.35
湖北襄阳片区	15.12	0.00	7.56
江苏苏州片区	6.98	7.78	7.38
黑龙江绥芬河片区	4.65	9.76	7.21
广西崇左片区	6.40	7.78	7.09
安徽合肥片区	6.40	6.86	6.63
浙江金义片区	12.21	0.00	6.10
安徽蚌埠片区	1.74	7.78	4.76
河北大兴机场片区	8.72	0.00	4.36

续表

自贸试验片区	社会影响	重视度	分值
广东广州南沙新区片区	6.40	1.85	4.12
河北雄安片区	8.14	0.00	4.07
浙江宁波片区	6.40	1.19	3.79
广东珠海横琴新区片区	4.65	2.11	3.38
四川成都天府新区片区	2.33	3.96	3.14
湖南长沙片区	5.23	0.00	2.62
四川成都青白江铁路港区片区	0.58	3.96	2.27
天津港片区	4.07	0.00	2.03
天津机场片区	3.49	0.00	1.74
天津滨海新区中心商务区片区	3.49	0.00	1.74
上海金桥开发区片区	3.49	0.00	1.74
湖南岳阳片区	1.74	1.58	1.66
陕西中心片区	0.58	2.64	1.61
陕西西安国际港务区片区	0.00	2.64	1.32
浙江杭州片区	1.16	1.32	1.24
上海张江高科技片区	2.33	0.00	1.16
上海陆家嘴金融片区	2.33	0.00	1.16
北京高端产业片区	1.74	0.00	0.87
北京国际商务服务片区	0.58	0.00	0.29
重庆西永片区	0.00	0.00	0.00
重庆两江片区	0.00	0.00	0.00
重庆果园港片区	0.00	0.00	0.00
上海保税区片区	0.00	0.00	0.00
陕西杨凌示范区片区	0.00	0.00	0.00
北京科技创新片区	0.00	0.00	0.00

　　从片区分析结果来看，辽宁营口片区、河南郑州片区、福建厦门片区、上海临港新片区、河南开封片区分列第 1~5 名。详细阅读辽宁营口市政府发文中涉及简政放权的内容，能看到有大量"取消审批""提高审批效率""优化审批服务""权限下放""权责清单"一类与放权赋能相关的关键段落。在 16 份市政府发布的以自贸试验区为主题的文件中，简政放权相关总词频达到 663。

4. 复制推广制度创新

复制推广部分，在文本分析词频统计过程中选定的主题关键词包括复制推广（经验）、制度创新（改革创新）等，因为这部分二级指标想要探究的就是自贸试验区制度创新成果的推广与转化效果，由关键词检索出的相关内容包括自贸试验区所属省份在内部的复制推广，以及自贸试验区之间彼此借鉴改革创新经验的成效。为了使复制推广部分的分值更加权威，在复制推广指标的自贸区层面综合考虑了国务院发布的共六批关于自由贸易试验区改革试点经验复制推广的通知、商务部发布的共四批自由贸易试验区"最佳实践案例"，追根溯源找到其中提到的改革事项或实践案例的首发自贸试验区，统计结果如表 7-11 所示。

表 7-11 自贸试验区复制推广制度创新指数

省份	重视度	六批国务院复制推广改革事项/实践案例	四批商务部最佳实践案例	分值
广东	100.00	20.00	88.89	77.22
上海	57.52	100.00	66.67	70.43
福建	64.05	54.55	55.56	59.55
湖北	55.56	5.45	88.89	51.36
陕西	36.47	3.64	100.00	44.14
四川	28.37	18.18	44.44	29.84
河南	32.81	5.45	33.33	26.10
浙江	8.10	20.00	66.67	25.72
辽宁	17.91	16.36	44.44	24.16
重庆	14.51	3.64	55.56	22.05
天津	2.75	29.09	33.33	16.98
山东	7.32	0.00	44.44	14.77
云南	23.53	0.00	11.11	14.54
江苏	0.65	0.00	55.56	14.21
海南	14.25	7.27	11.11	11.72
河北	6.27	0.00	33.33	11.47
安徽	14.12	0.00	11.11	9.84
广西	11.90	0.00	11.11	8.73
黑龙江	2.09	0.00	22.22	6.60
湖南	0.00	0.00	0.00	0.00

从分析结果可以看到，在依据省份文件进行关键词词频统计得出自贸区级复制推广重视度中，广东自贸试验区重视度较高，与福建自贸试验区拉开了一定的差距。在国务院的六批改革试点经验复制推广通知中，上海自贸试验区首发的制度改革数量最多，在第一批复制推广中就贡献了 35 个改革事项上的创新，在之后的五批中又陆续提供了 20 个宝贵的改革经验。可见上海在自贸试验区先行先试、改革创新工作中起到了中流砥柱的作用。在商务部发文的四批自贸试验区最佳实践案例中，陕西自贸试验区贡献数量最多，提供了建设贸易金融综合服务平台、航权开放助力打造国际航空枢纽、多元化农业保险助推现代农业发展等共 9 个实践案例。总体来看，在自贸试验区复制推广工作中，广东、上海、福建、湖北、陕西均做出了重要贡献。

从复制推广的片区层面结果来看，辽宁营口片区、福建福州片区、福建平潭片区、上海临港新片区、广东深圳前海蛇口片区五个片区分列第 1~5 位，但这五个片区在社会影响和政府重视度上的表现存在巨大差异，辽宁营口片区重视度指数略高于社会影响指数，福建福州片区、福建平潭片区并列政府重视指数的第一名，广东深圳前海蛇口片区位列第二，但这三个片区均存在报纸、期刊宣传力度不足的问题（见表 7-12）。

表 7-12　自贸试验片区复制推广制度创新指数

自贸试验片区	社会影响	重视度	分值
辽宁营口片区	38.21	78.03	58.12
福建福州片区	9.97	100.00	54.98
福建平潭片区	2.33	100.00	51.16
上海临港新片区	100.00	0.00	50.00
广东深圳前海蛇口片区	9.30	89.02	49.16
河南郑州片区	13.62	67.05	40.34
云南昆明片区	36.21	38.15	37.18
辽宁沈阳片区	31.89	36.13	34.01
福建厦门片区	19.27	45.95	32.61
辽宁大连片区	29.57	30.35	29.96
湖北武汉片区	7.64	48.84	28.24
江苏苏州片区	11.30	41.33	26.31
四川川南临港片区	11.96	36.71	24.33
山东济南片区	19.93	23.99	21.96

自贸试验片区	社会影响	重视度	分值
河南开封片区	42.86	0.00	21.43
广东广州南沙新区片区	3.65	28.03	15.84
广西南宁片区	27.91	0.87	14.39
广西钦州港片区	25.58	2.89	14.24
江苏南京片区	28.24	0.00	14.12
湖北宜昌片区	1.66	25.72	13.69
安徽合肥片区	3.32	23.70	13.51
河北正定片区	8.31	18.50	13.40
安徽蚌埠片区	3.99	20.81	12.40
浙江杭州片区	1.33	22.25	11.79
江苏连云港片区	10.30	12.14	11.22
广西崇左片区	4.32	17.05	10.69
河北曹妃甸片区	9.63	10.12	9.88
山东烟台片区	18.27	0.00	9.14
河南洛阳片区	18.27	0.00	9.14
广东珠海横琴新区片区	2.33	13.01	7.67
云南德宏州片区	6.31	8.96	7.64
山东青岛片区	14.62	0.00	7.31
湖南郴州片区	7.97	5.49	6.73
黑龙江黑河片区	8.97	1.45	5.21
黑龙江绥芬河片区	4.65	5.20	4.93
安徽芜湖片区	7.97	1.73	4.85
浙江金义片区	8.97	0.00	4.49
浙江宁波片区	8.31	0.00	4.15
浙江舟山离岛片区	0.00	8.09	4.05
浙江舟山岛南部片区	0.00	8.09	4.05
浙江舟山岛北部片区	0.00	8.09	4.05
河北大兴机场片区	7.97	0.00	3.99
四川成都天府新区片区	0.33	7.23	3.78
四川成都青白江铁路港区片区	0.33	7.23	3.78
陕西中心片区	0.00	7.51	3.76
陕西西安国际港务区片区	0.00	7.51	3.76

自贸试验片区	社会影响	重视度	分值
湖南岳阳片区	2.33	4.62	3.47
云南红河片区	4.32	2.02	3.17
黑龙江哈尔滨片区	6.31	0.00	3.16
湖南长沙片区	5.98	0.00	2.99
湖北襄阳片区	4.32	0.00	2.16
陕西杨凌示范区片区	3.32	0.00	1.66
上海金桥开发区片区	2.66	0.00	1.33
河北雄安片区	2.66	0.00	1.33
重庆两江片区	1.66	0.00	0.83
天津机场片区	1.66	0.00	0.83
上海陆家嘴金融片区	1.33	0.00	0.66
上海张江高科技片区	1.00	0.00	0.50
上海保税区片区	0.66	0.00	0.33
重庆西永片区	0.00	0.00	0.00
重庆果园港片区	0.00	0.00	0.00
天津港片区	0.00	0.00	0.00
天津滨海新区中心商务区片区	0.00	0.00	0.00
北京科技创新片区	0.00	0.00	0.00
北京国际商务服务片区	0.00	0.00	0.00
北京高端产业片区	0.00	0.00	0.00

四、自由贸易试验区经济发展指数

（一）自由贸易试验区经济发展指数

自贸试验区经济发展指数如表7-13所示，排名前五的自贸试验区依次为上海、浙江、天津、广东和陕西。其中，2020年平均经济活动强度方面，主要差异是浙江自贸试验区居首位，陕西自贸试验区超过了广东自贸试验区，其他保持一致。从2020年单位面积经济活动密度来看，排名前五的与自贸试验区经济发展指数严格一致。

表 7-13　自贸试验区经济发展指数

省份	2020 年平均经济活动强度	2020 年单位面积经济活动密度	分值
上海	51.01	1004.20	89.29
浙江	64.65	665.02	83.03
天津	35.72	587.92	56.46
广东	31.93	513.48	49.76
陕西	32.62	471.98	48.22
江苏	31.13	454.50	46.18
四川	31.83	429.61	45.48
河南	27.45	461.56	43.64
山东	22.97	520.36	43.07
北京	25.58	477.35	42.96
辽宁	24.17	468.78	41.42
云南	26.47	286.32	34.10
黑龙江	21.30	367.22	34.09
安徽	21.33	335.51	32.53
福建	21.29	318.25	31.64
重庆	18.54	279.01	27.51
湖北	18.15	265.91	26.55
湖南	20.32	213.62	25.63
广西	15.25	199.45	20.95
河北	8.38	202.48	15.70
海南	0.98	4.75	0.00

（二）自由贸易试验片区经济发展指数

自贸试验片区经济发展指数如表 7-14 所示，排名前五的自贸试验片区依次为浙江舟山离岛片区、上海保税区片区、上海陆家嘴金融片区、天津滨海新区中心商务区片区和上海张江高科技片区。排名前五的自贸试验区片区 2020 年平均经济活动强度方面和单位面积经济活动密度排名无明显差异，基本与自贸试验区经济发展指数保持一致。

表 7-14 自贸试验片区经济发展指数

自贸试验片区	2020年平均经济活动强度	2020年单位面积经济活动密度	分值
浙江舟山离岛片区	90.63	520.98	100.00
上海保税区片区	50.96	263.82	52.97
上海陆家嘴金融片区	48.89	261.14	51.55
天津滨海新区中心商务区片区	46.55	268.57	50.97
上海张江高科技片区	41.64	227.25	44.23
广东深圳前海蛇口片区	43.32	212.71	43.76
江苏苏州片区	39.94	227.09	43.26
天津机场片区	38.18	228.53	42.42
北京国际商务服务片区	33.97	227.66	39.99
四川成都天府新区片区	36.77	205.16	39.37
福建厦门片区	38.15	192.57	38.92
陕西中心片区	35.57	205.09	38.70
上海金桥开发区片区	36.42	193.85	38.08
辽宁沈阳片区	30.89	214.37	36.98
云南昆明片区	33.92	179.00	35.25
山东青岛片区	22.62	237.33	34.60
上海临港新片区	51.84	58.14	33.54
河南郑州片区	29.55	181.35	33.04
河南开封片区	30.31	170.24	32.39
广东珠海横琴新区片区	29.15	157.18	30.47
四川青白江铁路港片区	27.31	163.64	30.07
江苏南京片区	27.19	157.44	29.41
湖南长沙片区	27.46	149.68	28.81
安徽合肥片区	26.92	150.04	28.54
广东广州南沙新区片区	27.97	143.59	28.50
陕西西安国际港务区片区	26.19	147.64	27.90
黑龙江黑河片区	23.84	159.73	27.76
黑龙江哈尔滨片区	23.92	154.83	27.33
山东烟台片区	23.24	151.51	26.63
广西南宁片区	25.79	127.84	25.76
山东济南片区	23.24	131.52	24.69

续表

自贸试验片区	2020年平均经济活动强度	2020年单位面积经济活动密度	分值
辽宁大连片区	22.85	133.75	24.69
北京高端产业片区	20.88	127.91	23.03
湖北武汉片区	21.69	120.54	22.77
重庆两江片区	21.60	116.66	22.34
安徽蚌埠片区	20.71	121.73	22.33
辽宁营口片区	20.08	120.66	21.88
北京科技创新片区	18.47	121.78	21.09
河南洛阳片区	19.55	109.97	20.55
陕西杨凌示范区片区	17.17	119.25	20.12
云南德宏片区	19.17	97.97	19.17
浙江舟山岛南部片区	17.42	90.73	17.50
福建福州片区	17.41	89.14	17.34
天津港片区	15.31	90.82	16.33
重庆果园港片区	15.17	82.07	15.40
重庆西永片区	14.19	80.28	14.68
湖北襄阳片区	13.15	75.93	13.68
湖北宜昌片区	13.21	69.44	13.09
江苏连云港片区	12.66	69.97	12.83
安徽芜湖片区	11.32	63.74	11.48
四川川南临港片区	11.69	60.81	11.40
河北雄安片区	10.00	62.27	10.60
浙江舟山岛北部片区	9.91	53.31	9.68
广西钦州港片区	9.42	46.45	8.75
黑龙江绥芬河片区	8.29	52.66	8.72
河北大兴机场片区	8.12	51.26	8.49
河北正定片区	8.42	47.78	8.32
河北曹妃甸片区	6.89	41.17	6.82
湖南岳阳片区	7.12	39.63	6.80
福建平潭片区	6.95	36.54	6.41
广西崇左片区	4.97	25.16	4.20
湖南郴州片区	4.78	24.31	4.01
云南红河片区	1.74	9.35	0.87
海南自贸区	0.98	4.75	0.00

五、自由贸易试验区市场主体发展指数

自贸试验区市场主体发展指数主要包括企业总密度、制造企业密度、运输仓储企业密度等指标，并分为省级和片区级两种方式对不同自贸试验区的相关指标进行测算。其中，片区层面的数据及排序直接根据分行业指标测算得出；省级指标是在片区市场主体数量指标基础上，以片区规划建设面积占比作为权重合成的。

（一）自由贸易试验区市场主体发展指数

自贸试验区市场主体发展指数如表 7-15 所示，指数较高的自贸试验区依次为北京、山东、河南、陕西和天津。其中，企业总密度较高的依次是北京、山东、河南、陕西和云南；制造企业密度较高的依次是山东、辽宁、陕西、安徽和江苏；运输仓储企业密度较高的依次是天津、北京、云南、重庆和广东；信息技术服务企业密度较高的依次是陕西、湖北、重庆、山东和河南；科技服务企业密度较高的依次是北京、天津、湖北、河南和山东。

表 7-15　自贸试验区市场主体发展指数

省份	企业总密度	制造企业密度	运输仓储企业密度	信息技术服务企业密度	科技服务企业密度	分值
北京	1073.30	17.61	24.71	26.73	356.53	299.07
山东	841.44	37.41	20.93	79.66	76.66	212.87
河南	856.05	20.97	11.19	70.65	97.58	212.27
陕西	750.62	31.74	12.21	103.48	54.78	192.52
天津	714.00	18.46	50.33	12.44	124.35	180.73
云南	737.51	26.44	22.77	44.73	38.78	174.41
湖北	620.53	20.98	8.15	92.07	110.88	171.81
重庆	574.90	19.29	15.43	83.78	36.13	146.29
四川	515.97	7.19	7.61	47.25	63.55	128.27
江苏	440.63	27.81	9.59	42.97	69.01	119.82
安徽	419.18	30.14	10.27	51.58	47.29	113.68

省份	企业总密度	制造企业密度	运输仓储企业密度	信息技术服务企业密度	科技服务企业密度	分值
辽宁	409.53	37.82	14.23	30.35	28.24	106.39
广西	373.03	16.43	14.73	35.98	25.41	93.29
广东	362.66	12.41	15.40	33.21	27.05	89.85
福建	286.00	11.42	10.66	18.70	20.48	69.53
黑龙江	212.30	11.70	5.94	17.11	30.08	56.00
上海	206.83	17.15	8.49	8.48	31.19	55.29
湖南	187.89	16.32	8.71	11.91	17.47	49.22
河北	75.29	5.58	5.71	3.67	7.63	19.56
浙江	67.22	2.31	2.52	3.51	5.31	16.15
海南	13.36	0.44	0.21	1.59	0.41	3.23

（二）自由贸易试验片区市场主体发展指数

自贸试验片区市场主体发展指数如表7-16所示，排名前五的自贸试验片区依次为山东济南片区、北京国际商务服务片区、陕西中心片区、辽宁大连片区和山东烟台片区。其中，企业总密度较高的依次是四川成都青白江铁路港区片区、北京国际商务服务片区、山东济南片区、河南郑州片区和上海保税区片区；制造企业密度较高的依次是山东烟台片区、辽宁大连片区、江苏苏州片区、山东济南片区和陕西中心片区；运输仓储企业密度较高的依次是上海保税区片区、天津滨海新区中心商务区片区、北京国际商务服务片区、天津港片区和天津机场片区；信息技术企业密度较高的依次是山东济南片区、湖北武汉片区、重庆两江片区、陕西中心片区和河南郑州片区；科技服务企业密度较高的依次是北京科技创新片区、北京国际商务服务片区、北京高端产业片区、山东济南片区和湖北武汉片区。

表7-16　自贸试验片区市场主体发展指数

自贸试验片区	企业总密度	制造企业密度	运输仓储企业密度	信息技术企业密度	科技服务企业密度	分值
山东济南片区	1520.61	43.85	11.19	204.47	183.36	63.87
北京国际商务服务片区	1527.99	17.07	52.77	28.30	399.77	49.25

自贸试验片区	企业总密度	制造企业密度	运输仓储企业密度	信息技术企业密度	科技服务企业密度	分值
陕西中心片区	922.08	40.13	12.28	135.04	70.05	45.34
辽宁大连片区	669.91	59.37	24.13	49.87	46.01	45.06
山东烟台片区	641.68	60.55	12.14	36.35	41.71	42.24
湖北武汉片区	887.64	22.84	8.59	143.37	174.51	41.68
上海保税区片区	1162.20	27.28	72.76	31.83	114.45	41.18
云南昆明片区	1062.61	37.78	31.41	68.37	59.59	40.91
江苏苏州片区	668.41	43.96	13.28	67.65	111.34	40.70
重庆两江片区	942.18	27.06	21.56	140.52	58.11	40.28
河南郑州片区	1256.12	19.54	16.21	101.97	142.41	38.47
四川成都青白江铁路港区片区	2520.04	15.29	36.47	49.38	13.74	38.03
安徽合肥片区	667.08	31.89	14.61	91.36	79.20	35.71
天津滨海新区中心商务区片区	863.16	23.85	69.55	11.15	132.29	35.47
北京科技创新片区	879.69	7.97	3.23	35.01	428.16	34.75
北京高端产业片区	659.23	26.34	7.10	17.83	242.05	32.27
天津机场片区	625.50	22.00	36.66	14.92	145.50	29.13
河南洛阳片区	359.00	38.00	5.40	32.48	45.31	27.68
福建福州片区	635.73	25.94	16.70	43.03	55.73	26.97
广东深圳前海蛇口片区	471.59	19.53	24.69	57.98	25.02	23.62
山东青岛片区	460.46	19.37	33.12	13.46	18.87	19.97
广西钦州港片区	325.23	19.37	17.03	40.42	20.38	19.39
广西南宁片区	492.99	15.90	9.68	40.85	39.40	18.92
天津港片区	608.47	4.97	39.97	10.90	81.57	17.62
四川川南临港片区	382.09	21.91	10.86	15.06	14.61	17.50
湖北宜昌片区	374.72	16.80	9.44	32.93	36.65	17.49
安徽芜湖片区	132.83	28.46	6.14	4.94	10.11	16.92
重庆西永片区	236.69	18.63	16.09	27.53	16.83	16.76
辽宁营口片区	203.34	24.57	6.17	15.19	9.85	16.54
广东广州南沙新区片区	378.07	12.60	17.52	31.68	30.37	16.13
湖南长沙片区	233.41	20.02	11.27	13.99	23.06	15.73
安徽蚌埠片区	113.86	27.37	3.37	3.77	8.54	15.66
江苏南京片区	286.93	14.94	5.71	25.39	35.47	14.56

续表

自贸试验片区	企业总密度	制造企业密度	运输仓储企业密度	信息技术企业密度	科技服务企业密度	分值
四川成都天府新区片区	330.81	3.06	3.80	54.14	79.72	13.64
上海临港新片区	174.19	17.64	6.95	6.58	27.65	12.97
黑龙江哈尔滨片区	239.87	12.00	3.99	23.09	42.57	12.60
上海张江高科技片区	172.74	9.92	1.02	31.56	62.10	12.37
陕西杨凌示范区片区	210.94	15.97	2.08	14.41	20.14	12.18
湖北襄阳片区	82.90	20.37	5.09	4.00	2.77	11.93
黑龙江绥芬河片区	174.74	14.66	12.21	4.00	3.60	10.85
湖南郴州片区	161.69	13.61	4.13	12.90	10.18	10.29
陕西西安国际港务区片区	298.90	7.30	14.19	18.09	11.62	10.21
上海陆家嘴金融片区	318.10	7.85	4.90	13.81	24.08	9.52
浙江舟山岛南部片区	209.23	8.05	9.39	13.77	22.45	9.29
河北曹妃甸片区	140.50	8.78	15.68	5.70	11.41	8.67
福建厦门片区	125.63	9.98	11.67	5.03	9.71	8.45
上海金桥开发区片区	131.59	10.50	3.47	5.71	20.65	8.20
广西崇左片区	184.20	6.67	21.60	3.53	1.27	8.10
云南德宏片区	192.10	8.31	7.73	4.47	3.40	7.25
黑龙江黑河片区	139.75	7.55	7.45	6.35	6.70	6.76
广东珠海横琴新区片区	221.86	4.96	1.68	12.00	21.93	6.60
辽宁沈阳片区	94.73	7.94	2.47	6.47	11.08	6.13
河北正定片区	79.18	7.66	2.58	4.33	9.31	5.59
福建平潭片区	195.02	2.33	5.23	14.93	5.81	5.10
浙江舟山岛北部片区	173.94	4.42	3.39	4.48	4.29	4.63
江苏连云港片区	64.58	4.98	6.22	4.05	8.83	4.60
云南红河片区	136.47	3.61	7.93	2.27	1.27	4.20
湖南岳阳片区	31.39	4.16	3.01	2.61	2.31	3.04
河南开封片区	52.56	3.46	0.50	6.77	2.96	2.95
重庆果园港片区	36.30	3.08	1.78	3.53	3.21	2.50
河北雄安片区	35.15	3.25	1.38	2.86	3.97	2.49
河北大兴机场片区	26.25	0.65	1.40	0.50	4.56	0.93
海南自贸区	13.36	0.44	0.21	1.59	0.41	0.48
浙江舟山离岛片区	0.54	0.05	0.14	0.03	0.01	0.00

六、自由贸易试验区对外开放指数

提高对外开放水平是自贸试验区建设的核心任务。对外开放包括贸易、投资等领域。由于海关企业数据限制，难以提取出片区层面贸易量，因此对外开放主要用利用外资和对外投资两方面来体现。

（一）自由贸易试验区对外开放指数

自贸试验区对外开放指数如表 7-17 所示，指数较高的自贸试验区依次为上海、广东、北京、天津和山东。其中，以外商投资企业数测度的利用外资活跃度方面，前五位依次为上海、北京、天津、海南和广东；对外投资方面，以对外投资企业数测度的前五位依次是上海、广东、北京、山东和天津，与自贸试验区对外开放指数严格一致。

表 7-17　自贸试验区对外开放指数

省份	外商投资企业数（个）	对外投资企业数（个）	得分
上海	14795	1261	100.00
广东	3142	507	30.72
北京	4910	302	28.57
天津	4494	187	22.60
山东	2211	218	16.12
福建	2056	193	14.60
江苏	2304	170	14.53
海南	4078	2	13.86
陕西	1653	96	9.39
重庆	1619	94	9.20
四川	368	145	6.99
辽宁	1326	37	5.95
湖北	785	69	5.39
安徽	534	85	5.18
云南	691	52	4.40

省份	外商投资企业数（个）	对外投资企业数（个）	得分
河南	620	53	4.20
黑龙江	259	80	4.05
广西	485	22	2.51
湖南	238	25	1.80
浙江	136	20	1.25
河北	184	5	0.82

（二）自由贸易试验片区对外开放指数

自贸试验片区对外开放指数如表7-18所示，指数较高的自贸试验片区依次为上海保税区片区、上海陆家嘴金融片区、广东深圳前海蛇口片区、北京国际商务服务片区和上海临港新片区。其中，以外商投资企业数测度的利用外资活跃度方面，依次为上海保税区片区、北京国际商务服务片区、天津港片区、江苏苏州片区和上海陆家嘴金融片区；对外投资方面，以对外投资企业数测度较高的自贸试验片区排名与自贸试验片区对外开放指数严格一致。

表7-18 自贸试验片区对外开放指数

自贸试验片区	外商投资企业数	对外投资企业数	分值
上海保税区片区	9886	594	100.00
上海陆家嘴金融片区	2025	342	39.03
广东深圳前海蛇口片区	1001	378	36.88
北京国际商务服务片区	3109	226	34.75
上海临港新片区	1450	255	28.80
江苏苏州片区	2180	159	24.41
天津港片区	2688	52	17.97
广东广州南沙新区片区	1266	117	16.25
山东济南片区	788	129	14.84
陕西中心片区	1471	78	14.01
重庆两江片区	1467	75	13.73
四川成都天府新区片区	312	143	13.62
天津机场片区	1227	83	13.19

续表

自贸试验片区	外商投资企业数	对外投资企业数	分值
福建厦门片区	352	105	10.62
福建福州片区	844	72	10.33
湖北武汉片区	688	65	8.95
辽宁大连片区	1163	35	8.83
北京科技创新片区	459	76	8.72
山东青岛片区	789	51	8.28
上海金桥开发区片区	446	70	8.15
天津滨海新区中心商务区	579	52	7.31
河南郑州片区	549	51	7.07
北京高端产业片区	1342	0	6.79
山东烟台片区	634	38	6.41
云南昆明片区	596	39	6.30
安徽合肥片区	384	51	6.24
福建平潭片区	860	16	5.70
广东珠海横琴新区片区	875	12	5.44
上海张江高科技片区	988	0	5.00
黑龙江黑河片区	28	36	3.17
湖南长沙片区	178	23	2.84
安徽芜湖片区	102	26	2.70
黑龙江绥芬河片区	70	27	2.63
陕西西安国际港务区片区	170	18	2.37
广西南宁片区	245	12	2.25
黑龙江哈尔滨片区	161	17	2.25
浙江舟山岛南部片区	111	19	2.16
重庆西永片区	108	14	1.72
广西钦州港片区	230	6	1.67
云南德宏片区	70	11	1.28
江苏南京片区	107	7	1.13
安徽蚌埠片区	48	8	0.92
辽宁营口片区	104	2	0.69
河北曹妃甸片区	117	1	0.68
重庆果园港片区	44	5	0.64

续表

自贸试验片区	外商投资企业数	对外投资企业数	分值
湖北宜昌片区	66	3	0.59
河南洛阳片区	67	2	0.51
江苏连云港片区	17	4	0.42
湖南郴州片区	49	2	0.42
广西崇左片区	10	4	0.39
四川成都青白江铁路港区片区	56	1	0.37
河北正定片区	21	3	0.36
辽宁沈阳片区	59	0	0.30
云南红河片区	25	2	0.29
湖北襄阳片区	31	1	0.24
河北雄安片区	27	1	0.22
浙江舟山岛北部片区	25	1	0.21
海南自贸区	0	2	0.17
河北大兴机场片区	19	0	0.10
四川川南临港片区	0	1	0.08
陕西杨凌示范区片区	12	0	0.06
湖南岳阳片区	11	0	0.06
河南开封片区	4	0	0.02
浙江舟山离岛片区	0	0	0.00

第八章　自由贸易试验区高质量发展趋势及展望

自贸试验区发展的核心任务是制度创新和对外开放，而经济发展和市场主体是自贸试验区可持续发展的基础。推动自贸试验区高质量发展，要牢牢围绕构建制度型开放体系，在提升自贸试验区产业承载力、技术创新力等经济活力和辐射能级基础上，推动贸易投资自由化、便利化，持续优化国际营商环境，打造对外开放高地。

一、加强省级统筹

自贸试验区的高质量发展是系统性工程，需要举全省之力，更需要各级部门间凝聚共识，形成合力，这是决定一个自贸试验区能否实现高质量跨越式发展的基础。新形势下，要进一步加强省级层面的资源支持和人才保障，建立健全自贸试验区核心任务推进机制，困难"瓶颈"问题共商共推平台，举动全省之力保障自贸试验区先试先行，依托自贸试验区在省级层面构建部门协同、平台联动、区地融合、产城融合发展模式，为自贸试验区的高质量发展提供坚强有力的省级统筹保障。

二、夯实制度保障

自贸试验区走在对外开放的前沿，很多新兴领域、新型业态还没有形成明确的规制措施，部分领域存在现有管理政策不适应市场发展需要，不利于推动新业态新经济发展的情况，为此，夯实自贸试验区的制度保障非常重要。目前，仍然有一些片区存在基础性的地方规章保障不及时、不到位的问题。要结合实际加强制度创新，对自贸试验区各个片区管理机构的机构性质、开展横纵向部门协调的职责、资源整合的权限进行明确，通过制定沟通顺畅的协调机制、奖罚分明的激励措施、灵活高效的用人制度、勤勉担当的免责条款，激发自贸试验区高质量发展的内生动力。

三、优化试验任务

各个自贸试验区的总体方案指明了自贸试验区重点试验任务和探索方向，是制定试验区发展规划、推动试验区工作的重要依托。随着国际、国内形势的变化，要进一步优化试验任务，区分四种情况推动试验任务落实。一是对于经过一段时间探索取得明显成效的，要全面进入自我复制推广、挖掘发展红利阶段，同时进一步破解延伸的疑难杂症，将试验任务推向新的阶段，实现更高水平的开放发展、创新发展，继续为全国出经验、出模式；二是对于完成较好但拓展空间不足的，要加强谋划，对试验任务进行拓展延伸，立足区域发展"短板""瓶颈"推动流程再造、制度保障和先行先试；三是对由于客观原因导致试验任务完成情况不佳的，要进一步梳理堵点，组建联合工作组开展攻坚，力求形成制度创新成效；四是对于没有固定为试验任务，但符合市场发展方向，契合试验区市场主体需求，与区位条件资源匹配的新业态、新模式，应该积极开展先行先试，谋划自贸试验区在新发展阶段的新增长点和新动力源。

四、改善营商环境

营商环境是市场主体在整合资源、获取支持、组织生产、提供服务、探索有效市场模式和发展路径、实现商业目标各个环节面临成本的综合体现，既包括硬件方面，也包括软件方面。在新发展形势下，只有全面有效打造一流营商环境，才能获得市场主体青睐，通过集聚产业推动试验区高质量发展。一是进一步改进区域营商环境硬件，要加强区域基础设施，尤其是交通物流设施建设，降低区域运输物流成本，高效融入区域核心骨干交通网络。二是要进一步改善制度环境，要进一步简政放权，规范涉企收费，优化涉企服务，降低企业发展运营成本，增强政策可持续性，保障企业独立有序规范经营，以一流制度效能换取企业一流市场绩效。

五、发展优势产业

在市场竞争加剧、产业新陈代谢加快、产业流动性加强的背景下，要进一步集中资源发展优势特色产业。要改变传统模式被动招商、随机布局的粗放式发展路径，立足优势产业的内涵式发展，按照推动本地支柱产业提质升级、新兴产业加快发展、数字经济融合赋能发展的思路，着力做好产业补链延链强链工作。通过抓产业链、抓关键企业、出台重点产业扶持措施，加快打造有竞争力的产业集群，孵化有成长空间和发展潜力的专精特新"小巨人"，强化自贸试验区高质量发展的产业支撑。

六、面向重点市场

自贸试验区的重点是扩大走出去、加强引进来，同时利用好国内、国外两个市场、两种资源，在实现目标时，面向市场一定要再精准、再聚焦。自贸试验区要进一步分析各自开放的区位条件、产业基础、贸易方式和运输成本，在此基础上进一步明确对外开放的主要市场和重点国家，有针对性地提升企业竞争力、产品知名度和贸易便利度。实现对重点贸易伙伴、重点投资目的地和来源国的自由化便利化水平提升，才能真正为自贸试验区的高质量发展提供直接保障，避免没有针对性、着力点的开放策略。

七、扩大联动辐射

除了杭州自贸试验区的子片区达到 6 个、总面积达到 239.45 平方千米外，其他自贸试验区都是 3 个片区，总面积 119 平方米左右，这种格局圈定了自贸试验区的核心范围和制度创新的试用区域，同时也导致自贸试验区政策红利范围受到限制。下一步，自贸试验区要聚力扩大联动辐射，充分挖掘好自贸试验区政策红利。除做大做强自贸试验区核心区域，全面加强核心区域市场主体培育，推进产业转型升级外，要创新性地推动区地融合、产城融合，建设联动区，扩大辐射区，发挥自贸试验区火车头作用。

八、打造开放高地

打造对外开放高地对推动资源要素更好走出去、高质量引进来具有至关重要的意义。下一步，主要是围绕三个方面打造开放高地。一是继续推动贸易自由化、便利化。要加强与主要贸易伙伴、主要贸易口岸、主要贸易通道的管控建设，通过信息共享、设施共建、结果互认、程序压缩等方面，全面降低跨境贸易成本，提交通关效率。二是继续推动投资自由化便利化。积极探索新业态、新经济、新模式的监管模式，通过容缺审批、先放后验、非禁即入等制度创新，提高对外开放水平。三是继续培育开放新优势。要立足自贸试验区所在地的人才、资本、技术、市场等综合优势，着力培育对外贸易和招商引资国际竞争力，构建交通便利、出入境便捷、产业繁荣、创新浓郁的发展格局，以高水平开放护航自贸试验区高质量发展。

后　记

　　编写《中国自由贸易试验区大数据手册（2023）》是云南大学自贸区研究院合作共建以来开展的最重要的工作之一，作为一个小尺度的经济区域，自贸试验区缺乏基于行政区划形成的可比统计数据，将研究目标定位为"大数据手册"无疑是一种"明知山有虎，偏向虎山行"的尝试。然而，这并非笔者拥有足够勇气，从一开始就下定决心选择这样一个充满挑战和不确定的任务。

　　我们最开始的目标，是编写一本自贸试验区蓝皮书，以期更好地反映自贸区的建设进展及成效。在认真研究和比对了现有关于自贸试验区的多本蓝皮书后，最终放弃了这样的想法。因为市场上已经出版了不少蓝皮书，与其循规蹈矩，不如聚焦自贸试验区数据不足、测度不充分、发展成效不能得到有效揭示等痛点，通过大数据分析，更好地服务于自贸试验区的理论研究和实务发展。

　　非常幸运的是，本书的研究设想得到了中国（云南）自贸试验区昆明片区管理委员会制度创新部和云南大学经济学院领导、同事们的大力支持和认可，这为本书研究顺利开展奠定了坚实基础。在持续一年多的高强度研究中，本书的研究工作得到了校内外专家和师生们的大力支持，尤其要感谢浙江大学博士生导师赵伟教授，中国测绘科学研究院政府地理信息系统研究中心副主任、博士研究生导师董春研究员，云南大学经济学院杨孟禹副教授的指导和帮助。

　　最后，还要感谢参与本书研究工作的研究生。他们在研究过程中以极大的热情和责任感，承担了繁重的数据资料分析整理工作，为本书的顺利编写提供了至关重要的团队支撑，发挥了不可或缺的作用。他们主要分工如下：第一章代静静、段新宇，第二章范欣晨，第三章代静静，第四章姚凯，第五章邓星，第六章杨雯，第七章姚凯。需要特别指出的是，其中大多数分析都是在以姚凯为主要负责人绘制的自贸实验片区矢量地图的基础上进行的，上述研究生都深度参与了这些工作，并表现出了卓著的细致和创新精神。在此，要对他们的辛勤付出表示诚挚感谢。没有他们的大力协助和攻坚克难，要完成这些数据分析工作是难以想象的。同时，也要祝贺他们在深度参与这项工作的过程中，研究状态和研究能力都取得了很大的提升和进步。

本书定位为大数据分析，主要是通过大数据方式将自贸试验区的各方面进展以量化方式测度并呈现出来，便于相关研究者、管理者进一步挖掘应用。所以，本书立足自贸试验区高质量发展目标，围绕制度创新、经济发展、市场主体、对外开放等方面，依托全国工商企业登记数据、工业企业数据、海关企业数据、上市公司数据等微观数据源，借助基于 Arcgis 的灯光数据分析和 Python 的文本分析等，构建制度创新、经济发展、市场主体、对外开放四个一级指标，并展示了二级指标的测算结果。希望本书这些数据对大家认识和研究自贸试验区能发挥积极作用。

自贸试验区是推动我国从贸易大国向贸易强国转变的重大战略举措。何其有幸，我们参与并见证了这段历史，同时做了一些力所能及的工作。相信自贸试验区必将在推动我国稳步扩大制度型开放和维护多元稳定国际经贸关系中取得更为突出的成效。

为了便于大家获取相关数据，我们后续将完善数据共享及信息发布平台，并积极提供教学科研支持，相关信息将通过微信公众号等渠道发布及共享，欢迎大家持续关注。当然，有关方法的应用和指标测度分析还有很多可以优化、提升的地方，我们诚挚欢迎各界同仁将宝贵意见发送到 cqbmail@ 126. com，以便我们今后进一步完善数据分析工作。

崔庆波

2023 年 6 月 30 日